dicionário em sala de aula:
guia de estudos e exercícios

Lexikon | *obras de referência*

MARIA DA GRAÇA KRIEGER

dicionário em sala de aula:
guia de estudos e exercícios

© 2012, by Maria da Graça Krieger

Direitos de edição da obra em língua portuguesa adquiridos pela Lexikon Editora Digital Ltda. Todos os direitos reservados. Nenhuma parte desta obra pode ser apropriada e estocada em sistema de banco de dados ou processo similar, em qualquer forma ou meio, seja eletrônico, de fotocópia, gravação etc., sem a permissão do detentor do copirraite.

LEXIKON EDITORA DIGITAL LTDA.
Rua da Assembleia, 92/3º andar – Centro
20011-000 Rio de Janeiro – RJ – Brasil
Tel.: (21) 2526-6800 – Fax: (21) 2526-6824
www.lexikon.com.br – sac@lexikon.com.br

Veja também www.aulete.com.br – seu dicionário na internet

DIRETOR EDITORIAL	PRODUÇÃO
Carlos Augusto Lacerda	*Sonia Hey*
EDITOR	PROJETO GRÁFICO, DIAGRAMAÇÃO E CAPA
Paulo Geiger	*Filigrana*

CIP-BRASIL. CATALOGAÇÃO NA FONTE
SINDICATO NACIONAL DOS EDITORES DE LIVROS, RJ
K93d

Krieger, Maria da Graça
 Dicionário em sala de aula : guia de estudos e exercícios / Maria da Graça Krieger. - Rio de Janeiro : Lexikon, 2012.
 96p.

 Inclui bibliografia
 ISBN 978-85-86368-79-0

 1. Lexicografia. 2. Língua portuguesa - Lexicografia. I. Título.

CDD: 413.028
CDU: 81'374

Todas as citações de textos citadas neste livro didático estão de acordo com a legislação, tendo por fim único e exclusivo o ensino. Caso exista algum texto a respeito do qual seja necessária a inclusão de informação adicional, ficamos à disposição para o contato pertinente. Do mesmo modo, fizemos todos os esforços para identificar e localizar os titulares dos direitos sobre as imagens publicadas, e estamos à disposição para suprir eventual omissão de crédito em futuras edições.

O material de publicidade e propaganda reproduzido nesta obra está sendo utilizado apenas para fins didáticos, não representando qualquer tipo de recomendação de produtos ou empresas por parte do(s) autor(es) ou da editora.

Sumário

Apresentação 7

1 Introdução 9

2 O dicionário: funções e características 17

    2.1 O cartório das palavras 18
    2.2 Um lugar de lições sobre a língua 19
    2.3 Os dicionários não são todos iguais 22

3 Para entender a organização do dicionário 27

    3.1 Estrutura do verbete 28
    3.2 Chaves de leitura 30
        3.2.1 Aspectos semânticos 31
        3.2.2 Aspectos linguísticos 37

4 O léxico descrito: alguns conceitos necessários 47

    4.1 Denotação e conotação 48
    4.2 Metáfora e metonímia 49
    4.3 Sinonímia 51
    4.4 Polissemia e homonímia 52
    4.5 Definição lexicográfica 53
    4.6 Variação linguística 57
    4.7 Palavras lexicais e palavras gramaticais 59

5 Sugestões de aproveitamento: alguns exercícios e atividades 63

    5.1 Questões semânticas 64
    5.2 Ampliação do vocabulário 72
    5.3 Adequação das escolhas lexicais 74
    5.4 Análise crítica de definições 78

6 Pequeno glossário: termos de léxico e lexicografia 83

7 Bibliografia 89

Apresentação

Qualquer forma de comunicação, de transmissão ou armazenamento de informações, ideias, conhecimentos, se realiza ou se baseia num sistema de códigos. Uma contração da boca, um alcear de sobrancelhas, um gesto com a mão, um suspiro, são códigos simples para expressar coisas simples e intuitivas como sentimentos ou sensações. O que diferencia o homem na natureza é sua capacidade de conceber e fazer funcionar códigos complexos, para exprimir praticamente tudo e qualquer coisa que se queira transmitir ou preservar para transmissões futuras. O mais completo desses códigos, referência para todos os sistemas de comunicação e informação, capaz de representar em seus signos qualquer coisa concreta ou abstrata, qualquer ação ou estado, qualquer ideia ou sentimento, qualquer informação ou conhecimento, é a língua. Primeiro na associação intuitiva de sons pronunciados com o que eles representam, dentro desse código. Depois no registro desses sons em signos escritos, o que permite perpetuá-los além do momento em que são emitidos. Depois ainda, nos complexos sistemas de preservação e transmissão desses signos a qualquer momento, em qualquer lugar.

Para que o código da língua funcione com o aproveitamento de toda a sua potencialidade, ou seja, para que a comunicação, o aprendizado, o resgate de informações e conhecimentos se façam em toda a sua plenitude, é preciso que o emissor e o receptor disponham exatamente do mesmo código, que cada signo (no caso, cada palavra) represente para ambos exatamente a mesma informação. Assim como não é possível decifrar uma mensagem em código Morse sem que emissor e receptor se refiram a exatamente a mesma tabela de correspondência entre pontos-traços e as letras que representam, não é possível se expressar bem em palavras, ou entender o que se diz em palavras, sem que se disponha do mesmo sistema de código, o dos significados possíveis de cada palavra, da maneira de construí-las em frases, do modo de usá-las em suas flexões e variações e de toda informação sobre elas que abra o caminho para seu uso na transmissão ou na recepção da informação, da ideia, do conhecimento.

A função do dicionário é ser o repositório desse sistema fundamental de código, a língua. Ele registra, a cada momento da evolução constante de uma língua, de seu vocabulário e de seus usos, o acervo disponível de signos (as palavras) e de todas as informações relevantes sobre eles. Usá-lo, saber usá-lo, é uma das condições necessárias para usufruir de toda a potencialidade de um idioma, ao se expressar num texto ou ao compreender o que um texto expressa. Daí seu valor como instrumento no ensino e no aprendizado da língua materna, não só como um sistema fechado em suas regras, mas como um manancial aberto à criação expressiva de novos signos e formas que se dá em todos os níveis, da literatura às canções, à imprensa, ao uso popular, às novas ciências e tecnologias, sempre se renovando, sem limite de tempo ou abrangência.

Este livro, da renomada professora e especialista em Lexicografia e Terminologia, Maria da Graça Krieger, é dirigido ao professor, e foi criado para ser um guia de uso do dicionário como ferramenta didática no ensino da língua materna em sala de aula. Temos bons dicionários de língua portuguesa, de todos os níveis. Esperamos que esta pequena obra contribua para que se ensine e aprenda a usá-los bem, melhorando com isso o conhecimento e o bom uso de nossa língua.

Os editores.

1 Introdução

> [...] Penetra surdamente no reino das palavras.
> Lá estão os poemas que esperam ser escritos.
> Estão paralisados, mas não há desespero,
> há calma e frescura na superfície intata.
> Ei-los sós e mudos, em estado de dicionário.
>
> Convive com teus poemas, antes de escrevê-los.
> Tem paciência, se obscuros. Calma, se te provocam.
> Espera que cada um se realize e consume
> com seu poder de palavra [...]
> *Carlos Drummond de Andrade*

Dizer que o dicionário é de grande valia ao aprendizado da língua materna não deixa de ser um lugar comum. Todo o professor que escolheu a missão de tornar o aluno mais competente no conhecimento e na prática de sua própria língua, propondo desafios em diferentes formas de comunicação, sabe da importância de utilizar dicionário em suas aulas, em seus projetos de ensino. Fácil de entender: trata-se de um livro que tem a tradição de reunir as palavras de um idioma, de definir seus significados, identificando os sentidos comuns e também os específicos, resultantes dos usos que os falantes fazem de seu léxico. O dicionário ensina também qual a grafia correta de uma palavra, qual a classe gramatical, qual a sua origem, entre outras informações pertinentes à tradição lexicográfica. Reponde também a dúvidas do consulente relacionadas à "existência" ou não de alguma palavra nova, sua preocupação em saber se o termo novo já está dicionarizado. Muitas são as informações que o dicionário torna acessíveis sob a aparente simplicidade de uma lista alfabética.

É, pois, evidente que, pelo conjunto de informações que encerra, o dicionário é um lugar privilegiado de lições sobre a língua, mas também sobre a linguagem. Isso porque os dicionários mais informativos avançam em registros que mostram aspectos – semânticos, linguísticos e textuais, implicados pelos usos da palavra nas práticas discursivas. Em consequência, o dicionário constitui-se numa ferramenta de grande valor didático-pedagógico para a aula de língua materna.

Mas, se é incontestável que o dicionário traz informações detalhadas sobre as palavras, seu aproveitamento na escola não é tão evidente. Hoje, há pesquisas que mostram que os dicionários costumam ficar "quietos", esquecidos nas prateleiras. Ou então, se usados, a consulta é breve, em geral, restrita à grafia, à classe gramatical e ao primeiro sentido registrado.

Ajudar a tirar o dicionário da prateleira e, sobretudo, a usá-lo de forma mais produtiva nos projetos de ensino/aprendizagem é a motivação maior deste pequeno livro. Diferentemente de outros tempos, hoje a relação dicionário-escola alterou-se. Deixou de ser linear para avançar em profundidade em muitos aspectos qualitativos. Essa mudança nasce, em países de larga tradição lexicográfica, movida pela convicção de que o dicionário é efetivamente um instrumento didático de grande valor para a escola em seus ensinamentos sobre a língua materna. Por isso, tal como um material didático, igualmente, o dicionário destinado à escola deixa de ter um formato único, passando a ser estruturado de modo a atender necessidades de consulta de destinatários distintos. Necessita, portanto, ser adequado e compatível com as condições de consulta de seus distintos usuários. Com isso, seu potencial informativo pode ser compreendido e aproveitado nas distintas fases e etapas específicas de ensino.

Dentro do mesmo espírito, e no âmbito de suas políticas educacionais, o Brasil passou a incluir dicionários na seleção de obras didáticas destinadas às escolas públicas do Ensino Fundamental. O processo de seleção e de aquisição de obras lexicográficas adequadas à escola se dá no âmbito do Programa Nacional do Livro Didático, de responsabilidade do Ministério de Educação (MEC) e efetivado pelo Fundo Nacional de Desenvolvimento da Educação (FNDE).

Este Programa, conhecido como PNLD, tem tido sucessivas edições. Nas duas últimas, em 2006 e em 2012, houve inovações de forte impacto, destacando-se:

a. o reconhecimento de que o Ensino Fundamental necessita de mais de um tipo de dicionário;
b. A diversificação quantitativa e qualitativa da produção editorial lexicográfica, surgindo dicionários de tipos distintos, estruturados de forma a serem compreendidos e aproveitados nas distintas etapas de ensino/aprendizagem da língua materna;
c. a constituição de diferentes acervos de dicionários para todas as escolas públicas, compostos de tipos distintos, correlacionados às condições de aprendizagem do público-alvo.

Outro passo importante foi pensar que a escola precisa estar melhor aparelhada para aproveitar o potencial informativo do dicionário. De fato, os cursos de formação de professores nos seus diferentes níveis não costumam contemplar em seus currículos a disciplina de Lexicografia, que toma o dicionário como objeto de estudos. Essa disciplina tem desenvolvido um ramo específico, conhecido como Lexicografia Didática ou Pedagógica, voltado às relações dicionário – ensino em múltiplos aspectos.

Com base nesse contexto de princípios e proposições, estruturamos este livro direcionado ao professor das quatro últimas séries do Ensino Fundamental. Do 6º ao 9º ano, séries aqui consideradas, há algumas finalidades bem específicas a serem alcançadas de modo privilegiado, de acordo com os Parâmetros Curriculares Nacionais (PCN). Trata-se de levar o aluno a ampliar sua competência comunicacional, desenvolvendo atividades de leitura, análise crítica e produção textual. Não há esquecimento de que o chamado ensino descritivo da língua é importante, resulta num conhecimento sobre os fenômenos linguísticos, fator que integra as condições de uma boa prática de leitura e de uma qualificada formulação textual.

Essa orientação está sintetizada na concepção de que

Toda educação comprometida com o exercício da cidadania precisa criar condições para que o aluno possa desenvolver sua competência discursiva (Parâmetros Curriculares Nacionais, 1998, p. 23).

De acordo com essa concepção, este livro quer ajudar o professor a explorar, com seus alunos, os dicionários de tipo 3, segundo a terminologia do MEC. É um tipo de obra que se assemelha ao chamado dicionário-padrão, simplesmente conhecido como dicionário. Nele, encontra-se um consistente conjunto de informações detalhadas sobre as palavras, as locuções, sua gramática e seu potencial de sentidos. Contém ainda muitos registros – linguísticos e semânticos – sobre distintos usos de cada palavra dicionarizada. É, portanto, uma ferramenta didática, robusta e facilitadora das atividades de leitura e produção de texto, os focos maiores das últimas séries do Ensino Fundamental.

É preciso deixar claro que este livro não tem por objetivo discorrer sobre as questões envolvidas na leitura, nem na produção de texto. O desenvolvimento de tais habilidades como conteúdo de ensino, requer fundamentos teóricos, análises, práticas e orientações que tratam da complexidade do texto nos seus múltiplos componentes.

Nosso objetivo é outro: identificar e descrever elementos estruturantes de um dicionário, mostrando que há "chaves de acesso" aos principais dados registrados. Mais ainda, consideramos importante falar das principais funções que, ao longo da história, esse livro chamado dicionário vem desempenhando e assim também detalhar a natureza das informações que oferece e como pode ser melhor aproveitado. O reconhecimento dessas chaves de acesso facilita o manejo do dicionário, abre caminhos para um uso mais produtivo.

É nessa direção, por exemplo, que mostramos o universo semântico que um verbete descreve, tratando do potencial significativo das palavras e de seus planos de significação, entre tantos outros elementos da linguagem em uso que registram os dicionários mais cuidadosamente estruturados. Recorremos sempre a exemplos, tomados de dicionários do mesmo tipo, para mostrar fenômenos semânticos criativos, como a metáfora e a metonímia, cuja compreensão é essencial para a leitura e produção de texto. Em síntese, optamos por salientar aspectos que tornam o dicionário um instrumento didático extremamente rico para o ensino/aprendizagem da língua, tornada linguagem nas práticas comunicacionais.

Ao longo dos capítulos, vamos retomando os princípios do trabalho e as razões de cada proposição para facilitar ao professor as respostas que deve enfrentar. Como apoio para isso, há uma parte de conceitos relacionados a fenômenos semânticos e linguísticos, típicos do léxico, mas de vital importância para as atividades com texto. Ao final, encontra-se um pequeno glossário de termos sobre léxico e lexicografia.

Para ainda ajudar o professor a proporcionar ao aluno uma experiência concreta do uso do dicionário, visando a um melhor desempenho discente nas práticas de leitura, análise e produção de texto, sugerimos a realização de alguns exercícios e atividades. Entre eles, estão incluídos aqueles que ajudam a ampliar o vocabulário do aluno. Isso em relação tanto ao vocabulário ativo, aquele que ele usa na sua comunicação cotidiana, quanto ao passivo. Este tipo de vocabulário, apesar de não se integrar diretamente à prática comunicacional do estudante, amplia sua habilidade leitora, capacitando-o a se tornar alguém que compreende o significado do que lê. De igual modo, o ajuda a ter mais habilidade no manejo com as palavras e expressões da língua. Um bom domínio do léxico não é o único fator, mas é condição indispensável para alcançar um resultado positivo nas competências visadas pelos ensinamentos de língua materna.

O aproveitamento aqui objetivado será melhor se o uso do dicionário não se resumir a proposições que se assemelham a fórmulas de uso, exercícios elaborados como se fossem apenas receitas a serem seguidas. Isso tornaria a consulta ao dicionário um ato repetitivo e mecânico, sem proporcionar maior compreensão dos fenômenos da língua. Em consequência, a criatividade e a autonomia tanto do mestre, quanto do aluno ficariam prejudicadas, na contramão do que se quer.

Ao contrário, a mudança de direção pretendida está sintetizada num pensamento particular:

> Uma vez que o progressivo domínio da linguagem escrita é central tanto para o sucesso dessa empreitada quanto para o desenvolvimento da autonomia relativa do aluno nos estudos, os dicionários certamente têm uma contribuição efetiva a dar. [...] O conhecimento sistematizado sobre o léxico que o dicionário proporciona tem um papel relevante a desempenhar na (re)construção escolar do conhecimento sobre a língua e a linguagem (RANGEL; BAGNO, 2006, p. 27).

Despretensiosamente, o ideal deste livro é também o de desempenhar um papel específico: ser uma outra ferramenta de apoio para que as atividades com dicionários na sala de aula proporcionem muitas descobertas sobre a magia e o poder das palavras, tal como sugere Carlos Drummond de Andrade em seu poema "Procura da poesia". Nele, o poeta escreve para quem deseja fazer poesia. Nas estrofes que compõem a epígrafe desta introdução, o poeta não menciona inspiração, não oferece fórmulas mágicas, nem tampouco situações pretensamente inspiradoras. Ao contrário, Drummond, com sua experiência, sabia que a matéria-prima para a poesia está no potencial das palavras em estado puro, em "estado de dicionário".

O potencial das palavras e o valor do dicionário já foi descoberto há mais tempo por alunos universitários. De longa data, alguns têm se interessado muito pelo estudo de dicionários, levando adiante projetos de monografias, dissertações e teses relacionados a uma área tão importante como a Lexicografia. Como um caminho de mão dupla, trilhado por professor e alunos, suas ideias estão, de alguma forma, também refletidas neste livro. Sem poder mencionar a todos a quem cabe lembrar, duas colaborações especiais merecem agradecimentos explícitos: Fernanda Vanessa Machado, bolsista de Iniciação Científica do CNPq, sempre junto, auxiliando a encontrar exemplos e ilustrações; Márcio Sales Santiago, doutorando em Terminologia, e já com formação diferenciada em Lexicografia. Seu entusiasmo pela ideia deste livro o levou a uma colaboração direta, em particular, na elaboração do glossário final e numa preciosa revisão de originais. Que o entusiasmo deles se repita em muitas salas de aula de língua materna do Ensino Fundamental, fazendo com que este livro cumpra sua missão.

Maria da Graça Krieger

2 O dicionário: funções e características

O dicionário monolíngue é um tipo de obra que desempenha várias funções nas sociedades. Costuma ser definido, em seus próprios verbetes, como o registro do conjunto de palavras de um idioma e de seus significados, em geral, apresentados alfabeticamente. Neste caso, estamos falando de um tipo de dicionário: aquele que é conhecido como dicionário de língua, ou simplesmente dicionário, sua denominação mais comum.

O dicionário de língua não é o único tipo, apesar de ser o mais conhecido. Há uma grande variedade de obras que recebem o nome de dicionário: dicionário bilíngue, terminológico, escolar, infantil entre outros. Cada um possui características específicas; entretanto, o dicionário de língua é o mais típico de todos. É o mais geral e mais abrangente no registro do léxico de um idioma, apresenta informações gramaticais, semânticas e outras relacionadas ao uso das palavras. São aspectos que justificam por que é também identificado como 'dicionário padrão'.

É interessante lembrar que o dicionário de língua é historicamente compreendido como um tesouro linguístico, pois guarda, protege o "patrimônio" lexical de um idioma. Seu próprio nome diz isso: é originado do termo latino *dictionarium*. O sufixo *arium* significa "depósito" lugar em que se guarda o *dictio,* ou seja, as palavras. Elas constituem a matéria prima do dizer que com a ajuda das regras gramaticais permite a formulação das frases e dos discursos.

A função de "guardar ou proteger as palavras" explica-se pelo momento histórico em que surgiram os dicionários com essa finalidade: século XVI, período da Renascença, época em que o latim passou a perder terreno para as novas línguas que dele surgem no cenário europeu, entre elas o português. Foi então a missão de guardar a "velha" língua – o latim – e facilitar a comunicação num mundo de novas línguas a primeira razão da existência de um dicionário e a justificativa de seu nome. De fato, a preocupação com o registro das palavras de uma língua fazem com que o dicionário de língua do tipo padrão seja uma espécie de catálogo léxico, que acaba por informar "qual" é o nosso patrimônio lexical, pois nele estão palavras antigas coexistindo com as novas.

2.1 O cartório das palavras

Além de seu papel como documento tipo arquivo, que cataloga e preserva a memória do componente lexical, há outras funções que os dicionários de língua têm desempenhado. Na sociedade atual, um de seus principais papéis consiste em funcionar como obra de referência do léxico de um idioma. De fato, por tudo o que reúne, por ser o catálogo das palavras, o dicionário consagrou-se como obra de consulta que oferece respostas sobre vários aspectos das palavras, expressões e sentidos desconhecidos para os seus usuários. Responde também a dúvidas quanto à ortografia, à classe gramatical, ao gênero, à regência etc., como uma verdadeira fonte de informações semânticas e gramaticais que permitem ao usuário não só conhecer o significado das palavras, mas também o ajuda a usá-las em construções compatíveis com a língua em sua norma culta.

O papel de referência lexical associa-se também a um fato concreto: o dicionário de língua é o único lugar formal que registra, sob a forma de um código próprio, a "totalidade" das palavras e expressões de uma língua com seus respectivos significados. A totalidade mencionada representa um ideal de representatividade lexical de um bom dicionário de língua, mas não significa obrigatoriamente o registro de todas as palavras de um idioma, desde as mais antigas até as mais recentes.

Tal fato explica-se porque a Lexicografia, entendida como arte e técnica de produzir dicionários, nem sempre consegue acompanhar plenamente o dinamismo lexical, porque a todo o momento, surgem novas palavras, assim como outras caem em desuso. É bem verdade que os dicionários eletrônicos, graças aos processos pelos quais podem ser editados estão sendo atualizados com muito mais rapidez do que os impressos no papel.

No fundo, é o dicionário que, ao registrar as palavras, informa, mas também determina "qual" é o repertório léxico das línguas. Por isso, o dicionário torna-se uma espécie de autoridade, exercendo o papel de obra de referência em relação ao que é dito e ao que é consagrado como significados socialmente compartilhados. Resulta daí que o dicionário funciona como uma espécie de cartório de registro das palavras. É ele que, ao registrar a palavra, concede-lhe a "certidão de nascimento" e, desse modo, institucionaliza o conjunto léxico das línguas.

De fato, ao registrar novos sentidos, novos termos e expressões, filhos naturais da criatividade expressiva do homem, o dicionário confere-lhes legitimidade, atribuindo-lhes o estatuto de verdadeira palavra da língua (cf. KRIEGER, 1993). Por sua vez, quando o consulente quer saber se uma palavra nova está dicionarizada, ele está buscando uma espécie de "autorização" para poder empregá-la. Diante disso, entende-se também por que o dicionário goza de grande autoridade nas sociedades de cultura que, inclusive, tradicionalmente o consideram como instrumento do saber e da "verdade" linguística.

O reconhecimento do papel exercido pelo dicionário na legitimação das palavras é importante para o professor de língua materna já que deve, com muita frequência, responder a perguntas sobre a existência ou não de alguma palavra nova. Se ela é dita e circula num determinado ambiente social, ela existe sim. Pode ainda não ter recebido sua certidão de nascimento, tal como uma criança que nasceu, mas não foi ainda registrada em cartório.

2.2 Um lugar de lições sobre a língua

Ao lado de seu papel de obra de referência, o dicionário é um lugar privilegiado de lições sobre a língua e a linguagem. Isso é facilmente compreensível, pois registra e sistematiza informações ortográficas, gramaticais e semânticas das palavras e locuções. Identifica também diferentes realizações das unidades lexicais, através do registro das diversidades denominativas, típicas dos falares regionais. Traz marcações de palavras antigas e novas, de estrangeirismos, bem como informa sobre o uso e os sentidos de termos técnico-científicos. Por vezes, há dados históricos sobre vários componentes dos sistemas linguísticos. Outras vezes, passagens literárias são evocadas para exemplificar e abonar determinados usos referidos. Estes são dados informativos que as obras lexicográficas tipo de padrão costumam oferecer a quem as consulta.

A identificação de todos esses fatos da língua equivale a uma descrição linguística e semântica de muita utilidade para as aulas de língua materna. Em razão dessa riqueza informativa, relacionada à estrutura, aos sentidos e ao funcionamento contextualizado das palavras de um idioma, o dicionário consiste numa ferramenta de grande valor pedagógico e que favorece o desempenho cognitivo do aluno.

Os dicionários destinados à escola, em particular os de tipo 3, conforme a terminologia do MEC, são inspirados na proposta de se construir ao modo de um dicionário padrão, fazendo o registro de um conjunto léxico representativo da língua portuguesa, e sistematizando muitos dados sobre cada uma das palavras registradas. Em razão de sua funcionalidade na escola, esses dicionários trazem ainda informações sobre silabação, acentuação, relações de sinonímia, antonímia, famílias de palavras, entre outros aspectos, mais adiante detalhados. Depreende-se daí sua contribuição para ampliar o conhecimento: do vocabulário, dos múltiplos significados de palavras e expressões, da norma padrão da língua portuguesa. Entre tantos outros aspectos, ajuda também o aluno no conhecimento de aspectos históricos da palavra, bem como, de usos específicos em distintos contextos comunicacionais.

O reconhecimento do valor pedagógico de um dicionário é incontestável, tanto que todo professor de língua materna que busca realizar sua tarefa de forma competente utiliza dicionários em suas aulas. Mas é bastante comum que seu uso seja limitado a busca de esclarecimento quanto à existência ou não de alguma palavra, à grafia, ao sentido primeiro das palavras. Tais hábitos de consulta rápida evidenciam que a potencialidade de informações que a lexicografia costuma oferecer não é devidamente aproveitada em inúmeras situações e propostas pedagógicas.

É compreensível que a escola aproveite pouco o dicionário, pois, no Brasil, o professor não costuma estar instrumentalizado para um trabalho mais sistemático e produtivo com dicionários. Em nosso meio, os cursos de formação de professores não têm tradição de oferecer conhecimentos sobre Lexicografia, entendida como arte e técnica de produzir dicionários. Dessa forma, os docentes, embora:

> [...] conscientes da importância desse aprendizado prévio, não sabem como fazê-lo de uma forma conveniente, pois embora as autoridades educativas recomendem, desde cedo, o uso de enciclopédias e dicionários para que o aluno busque informações e resolva dúvidas na compreensão dos textos, não oferecem orientações metodológicas de como fazê-lo. (PRADO ARAGONÉS, 2001, p. 210)

Um quadro como esse explica que a escola é ainda carente de conhecimentos lexicográficos mais aprofundados. Esta é uma lacuna a ser suprida, dada a grande valia que representa um produtivo uso de dicionário para o aprendizado da língua materna. Mais ainda, os dicionários não precisam ficar restritos ao "ensino" do português. São obras pragmáticas multifuncionais, pois cobrem o componente lexical dos idiomas em múltiplas realizações, registram desde um vocabulário do cotidiano até termos técnico-científicos que especificam os saberes profissionais. Com isso, podem servir também ao conhecimento de outras disciplinas que não só a língua materna.

Este livro tem por finalidade ajudar o professor a conhecer melhor o potencial didático de um dicionário, especialmente, o de tipo 3, que se estrutura nos moldes de um dicionário padrão de língua. Apesar disso, esse tipo de dicionário tem uma modelagem determinada por um objetivo maior: o de ser uma ferramenta pedagógica adequada e acessível para um tipo de usuário específico: o estudante do 6º ao 9º ano do Ensino Fundamental. Essas etapas de ensino, conforme determinam os PCN, devem privilegiar ensinamentos que contribuam para que o aluno se torne um leitor competente e amplie suas habilidades para redigir qualitativamente. Por essa razão, os conteúdos que aqui desenvolvemos também objetivam contribuir para ampliar o desempenho comunicativo dos alunos dessas séries finais do Ensino Fundamental.

2.3 Os dicionários não são todos iguais

Há pouco dissemos que há uma relação direta entre a escolha de um dicionário do tipo 3 e as condições de seu aproveitamento nas quatro últimas séries do Ensino Fundamental. A ideia de uma tal relação não surgiu por acaso. Ela vincula-se a dois fatores que merecem ser salientados:

> **a.** a compreensão de que não existe "o dicionário escolar", mas dicionários de uso escolar, considerando a importância da adequação da obra ao nível e aos objetivos do ensino;
> **b.** a existência de uma área de estudos chamada de "Lexicografia Pedagógica, ou Didática", que orienta para um uso adequado e produtivo dos dicionários para o ensino/aprendizagem de línguas.

Na realidade, esses dois fatores conversam entre si. A Lexicografia Pedagógica é uma nova área de conhecimentos que vem crescendo no mundo todo em razão da consciência sobre o importante papel dos dicionários para o ensino/aprendizagem de línguas. Mesmo considerando que todo e qualquer dicionário é um instrumento didático, pois traz inúmeras informações sobre a língua e a cultura, a Lexicografia Pedagógica tem como fundamento o princípio básico de é preciso adequar o tipo de dicionário aos distintos projetos de ensino/ níveis de aprendizagem. Este é o caminho de melhor aproveitamento do dicionário na escola. Logo, os dicionários destinados à escola não podem e não devem ser todos iguais.

Dessa forma, a Lexicografia Pedagógica compreende que assim como há livros didáticos adequados aos diferentes níveis de ensino; de igual modo, a escola deve utilizar dicionários adequados às necessidades dos alunos de diferentes fases de aprendizagem. Consequentemente, não há apenas um tipo ou modelo de dicionário que pode ser chamado de escolar, já que há dicionários variados com estruturas distintas e níveis distintos de informação que também desempenham um papel pedagógico na escola.

Tais princípios estão, em muitos países, refletidos nos dicionários, atualmente elaborados para serem usados nas escolas. No Brasil, o avanço da produção lexicográfica destinada à escola e sua diversificação foi altamente impulsionada pela compreensão do MEC de que os dicionários desempenham papel importante no aprendizado da língua materna. Isso foi determinante para sua inclusão no PNLD, traduzindo diretrizes de uma política pública nacional diferenciada no plano da lexicografia direcionada para a escola.

A inclusão de dicionários para o Ensino Fundamental das escolas públicas nacionais vem desde 2001, quando havia possibilidade de inscrição de minidicionários para uso escolar. No entanto, para o PNLD 2006, foram adotadas diretrizes inovadoras, ao serem abertas inscrições para três tipos distintos de dicionários, assim formalizados no Edital[1]:

Dicionários de tipo 1:

Número de verbetes: mínimo de 1.000 e máximo de 3.000. Proposta lexicográfica adequada à introdução do alfabetizando ao gênero dicionário.

---

[1] O texto do edital e outras importantes informações do PNLD encontram-se em: <http://portal.mec.gov.br>.

Dicionários de tipo 2:

Número de verbetes: mínimo de 3.500, máximo de 10.000. Proposta lexicográfica adequada a alunos em fase de consolidação do domínio da escrita.

Dicionários de tipo 3:

Número de verbetes: mínimo de 19.000 e máximo de 35.000. Proposta lexicográfica orientada pelas características de um dicionário-padrão, porém adequada a alunos das últimas séries do primeiro segmento do Ensino Fundamental.

Conforme podemos observar, a categorização apresentada, embora não muito específica, teve o mérito de quebrar com a tradicional associação entre dicionário escolar e minidicionário. Isso explica-se apenas porque versões menores são mais práticas, pesam menos do que um dicionário grande.

Diferentemente de preocupações apenas com tamanho e peso das versões reduzidas, o critério explícito agora é o do número de entradas e da sua relação com etapas específicas de ensino, ou seja, alfabetização para o tipo 1, consolidação do domínio da escrita para o tipo 2, ficando o tipo 3 relacionado ao ciclo final do Ensino Fundamental. Vale observar que a denominação dos tipos 1, 2 e 3 é interessante, pois podem ser acolhidas obras qualificadas que circulam no mercado editorial, independente de nomes como: dicionário infantil, infanto-juvenil, escolar entre outras possibilidades.

Mais, recentemente, para o PNLD 2012, o MEC ampliou ainda a tipologia de dicionários para o ensino, chegando ao tipo 4 e reformulando alguns dados estruturais.

Com isso, fica positivamente assegurada a ideia de adequação entre tipo dicionário e objetivos de ensino, cumprindo-se os princípios básicos da Lexicografia Pedagógica. Mais, ainda, ao se falar em dicionário escolar, é preciso esclarecer qual o tipo, qual a estrutura organizacional. Uma tal realidade resulta também na necessidade de que o professor conheça bem com qual modelo de obra está lidando para dela tirar mais lições para seus ensinamentos. Torna-se assim também obrigatória a leitura da proposta lexicográfica de cada obra. Ela corresponde ao espaço de explicitação pelo editor dos critérios organizadores de cada dicionário. Essa explicitação foi mais uma exigência do MEC que vem ajudar o professor a saber com que material está lidando e a compreender melhor que os dicionários não são todos iguais.

Vale relembrar que este livro *Dicionário em sala de aula: guia de estudos e exercícios* é estruturado com conteúdos que devem ajudar o professor a explorar, com seus alunos, os dicionários de tipo 3, que se assemelham ao chamado dicionário-padrão. Isso porque oferece um consistente conjunto de informações detalhadas sobre as palavras, as locuções, sua gramática, e seu potencial de sentidos. É, portanto, uma ferramenta didática, robusta e adequada às atividades de leitura e produção de texto: os focos maiores das últimas séries do Ensino Fundamental.

Auxiliar o professor e também seu aluno a aproveitar a riqueza de informações de dicionários de tipo 3 para o desenvolvimento desses dois focos maiores é um objetivo fundamental deste livro.

3 Para entender a organização do dicionário

Basicamente, todo dicionário de língua constitui-se de duas grandes partes: a macroestrutura e a microestrutura. A macroestrutura organiza-se em torno de três partes principais: as páginas iniciais da obra, o corpo propriamente dito do dicionário e as páginas finais. As páginas iniciais geralmente incluem: apresentação, instruções para o uso do dicionário, listas e abreviaturas.

A apresentação corresponde à proposta lexicográfica, onde estão explicitadas informações relevantes para a compreensão do dicionário. É aí que os bons dicionários falam de seus princípios organizacionais, referem o consulente previsto, bem como as principais fontes de consulta que deram origem à busca das palavras e das expressões que integram o repertório de vocábulos. Enfim, as informações dadas delineiam o perfil da obra, razão de sua leitura ser importante para o professor lidar com os dados internos. As listas das abreviaturas utilizadas também integram a parte inicial. Levar o aluno a habituar-se a consultar as abreviaturas também o ajuda a entender certos tipos de informação que cada obra oferece.

O corpo do dicionário é constituído pela nomenclatura em si, isto é, o conjunto das palavras registradas. Cada uma delas é chamada de palavra-entrada, entrada ou lema, e junto com as informações a ela relacionadas, como a classe gramatical e os significados, forma o verbete, também denominado de microestrutura.

É sempre bom relembrar ao aluno que ele não vai encontrar "todas" as palavras que procura. É de praxe na prática lexicográfica das línguas latinas que a palavra-entrada seja registrada na sua forma lematizada, isto é, os substantivos e os adjetivos aparecem dispostos no masculino e no singular, a exemplo de *aluno, terra, tinhoso, horrível*. Não se costumam registrar os substantivos em seus graus aumentativo e diminutivo, a menos que tenham se tornado novas palavras, como *portão*, que não quer dizer uma porta grande ou *mosquito*, que é um tipo de inseto e não uma mosca pequena.

Os verbos são sempre registrados no infinitivo como *amar*, *vender*, *sorrir*, razão pela qual não é possível encontrá-los nas suas formas flexionadas a exemplo de: eu *amasse*, tu *venderias*, ele *sorri*. Em suas versões informatizadas os bons dicionários oferecem o recurso de, a partir de uma flexão de nome ou verbo, chegar ao lema, ou seja, a partir de plural, feminino ou flexão verbal pode-se localizar o 'verbete' e as informações nele contidas.

A macroestrutura fecha-se com as páginas finais da obra, onde geralmente são incluídos anexos, tabelas, bibliografia, etc. No caso dos dicionários escolares, é bastante comum que sejam acrescidas informações que visam a auxiliar o aluno no aprendizado da língua como listagem de prefixos e de sufixos e pequenas gramáticas. Os dicionários procuram também auxiliar no estudo de outras disciplinas do currículo ou de cultura geral. Por isso, muitas vezes, acrescentam informações históricas e enciclopédicas. Todo este conjunto de elementos tende a variar de dicionário para dicionário, ficando a critério do dicionarista incluir uma ou outra informação que julgar relevante para o consulente.

3.1 Estrutura do verbete

De modo geral, há uma regularidade na organização do verbete de dicionário escolar, bem como há indicações formais que funcionam como chaves de leitura para os dados que o dicionário sistematiza. Uma forma de ajudar o aluno a encontrar as respostas a sua consulta é mostrar-lhe como se constitui um verbete e como ele deve ser lido. Dessa forma, o aluno pode perceber melhor tudo o que um dicionário oferece, e aproveitar os ensinamentos que estão relacionados a informações gramaticais e semânticas, além de outros aspectos da palavra em suas múltiplas contextualizações.

Todo verbete tem um padrão de estruturação que corresponde a uma espécie de código lexicográfico de larga tradição. Pode haver pequenas diferenças entre os dicionários, mas o padrão mínimo constitui-se de palavra-entrada, informação gramatical e informação semântica por meio da definição. O exemplo a seguir ultrapassa o padrão mínimo, trazendo outras informações:

> **ma.la** *sf.* 1. Saco de couro ou de pano, em geral fechado com cadeado. 2. Espécie de caixa para transporte de roupas em viagem. 3. Mala (1) para o transporte de correspondência; mala postal. 4. *P. ext.* Correspondência postal. 5. *Bras. Gír.* Pessoa maçante. ◊ **Mala postal**. Mala (3). (Aurélio, 2001).

- palavra-entrada (*mala*);
- separação silábica (*ma.la*);
- informações gramaticais sobre a palavra (*substantivo feminino*);
- informações semânticas identificadas duplamente:

a. a numeração de 1 a 5 que indica diferentes significados da mesma palavra ou diferentes acepções;
b. a abreviatura *por extensão* (*P. ext.*), indicadora de que na acepção 4 há um processo de alargamento ou expansão do sentido original;

- informação relacionada ao uso da palavra (*Bras. Gír.*), ou seja, no Brasil esse sentido é usado como gíria;
- subentrada (*mala postal*), locução nominal que contém a palavra-entrada.

Esses são os blocos estruturantes de um verbete já mais elaborado, mas ainda há outros mais detalhados. Verbetes detalhadamente estruturados costumam informar sobre peculiaridades de uso e sentido das palavras como: regionalismos, sentidos específicos de áreas de especialidade etc. Apesar das diferenças entre dicionários, não se pode exigir que todos os verbetes sejam iguais, porque há muitas diferenças entre as palavras. Algumas vão ter determinadas características e outras não.

3.2 Chaves de leitura

Para dar todas as informações sobre a palavra, os dicionários têm uma espécie de código, traduzido por marcas formais que chamamos de "chaves de leitura" de um verbete. Em síntese, estas chaves são marcações que orientam a leitura para indicar tanto aspectos semânticos, quanto da gramática do item lexical, bem como de outros aspectos vinculados a suas diferentes realizações em discurso.

Antes de avançarmos na identificação das marcas que permitem "desvendar" o conjunto de informações registradas nos verbetes, duas observações são necessárias:

- a estruturação de um verbete obedece a um eixo ordenador que é de natureza semântica. O eixo semântico comanda a construção da rede de acepções da microestrutura que, no fundo, corresponde a um pequeno universo de significados relacionados à palavra entrada;
- apesar do eixo semântico comandar a organização geral do verbete, seguidamente, o registro de cada novo sentido pode (e em muitos casos *deve*) iniciar com informações sobre o contexto de uso da palavra-entrada como é o caso da acepção 5 de *mala.* Como já vimos, nela está indicado que o sentido de *mala* como *pessoa maçante* é típico da gíria brasileira.

Essas considerações podem parecer muito simples, mas servem para mostrar que um mesmo fenômeno apresenta, simultaneamente, uma face tanto semântica quanto linguística. Esta face linguística é relacionada a aspectos gramaticais, mas também traz dados sobre diferentes usos e contextualizações da palavra de entrada. Os registros de natureza linguística são de grande valia para os chamados estudos descritivos da língua. Mesmo que os dados semânticos e os linguísticos estejam vinculados, aqui, por razões metodológicas passam a ser referidos separadamente.

3.2.1 Aspectos semânticos

Para auxiliar o aluno na identificação dos recursos formais organizadores de um verbete, é sempre importante lembrar-lhe que as palavras podem ter mais de um significado. Lexicograficamente, cada significado corresponde a uma acepção. Em geral, quando há mais de uma acepção, cada uma é marcada numericamente como meio de delimitar as fronteiras entre os sentidos. A numeração funciona, portanto, como uma espécie de cerca a demarcar territórios. No verbete seguinte, a palavra *oficina* tem 4 significados, logo, 4 acepções na terminologia dos dicionários.

> **oficina** (o.fi.*ci*.na) *sf.* **1** Lugar próprio para o fabrico e/ou conserto de automóveis, máquinas etc. **2** Lugar em que se realizam trabalhos artesanais. **3** Curso prático onde se aprende e exercita atividade artística ou intelectual (oficina de teatro); LABORATÓRIO; WORKSHOP. **4** *Art.gr. Jorn*. Numa gráfica, local onde se encontram os equipamentos usados na impressão e acabamento de livros, jornais, catálogos, panfletos etc. [F.: Do lat. *officina, ae*. Ideia de 'oficina': *-aria* (*camisaria, cervejaria*).] (Aulete digital, 2006).

Fazer a distinção entre significado e acepção é importante, porque dentro de uma mesma acepção, podemos encontrar mais de um tipo de enunciado definidor. É comum que, após um enunciado definidor apareça algum sinônimo. Isso se vê na acepção 3 do verbete *oficina*: "Curso prático onde se aprende e exercita atividade artística ou intelectual (oficina de teatro); LABORATÓRIO; WORKSHOP".

Essa acepção inicia com a definição do tipo analítico – curso prático onde se aprende e exercita atividade artística ou intelectual –, seguida de um exemplo que especifica um tipo de *oficina* – oficina de teatro – e que está entre parênteses, com a palavra do lema sublinhada.

Ainda dentro da mesma acepção, há uso de ponto e vírgula (;) relacionado às palavras *laboratório* e *workshop*. Estas duas últimas correspondem a sinônimos, os quais funcionam como uma definição sinonímica. Neste contexto, vale dizer que a diferenciação gráfica entre as partes que compõem o verbete é muito importante para sua leitura e compreensão das informações registradas. A utilização de marcas tipográficas, como negrito, itálico, sublinhado, além de outros recursos como maiúsculas, parênteses, cores, fontes, servem para diferenciar os elementos presentes no verbete. Com isso, facilitam o entendimento de que as informações são diferentes.

O exemplo a seguir é parte de outro verbete que também recorre aos mesmos recursos diferenciadores entre definição analítica e uso de sinônimos dentro de cada bloco de acepção.

fren.te *sf.* 1. Parte anterior de qualquer coisa; face. 2. Fachada. 3. Rosto, face. 4. Testa (2). 5. V. *dianteira*. 6. Local de combate. 7. Presença. (Aurélio, 2001)

Os bons dicionários costumam estabelecer formalmente todas essas distinções que devem ser conhecidas pelos alunos para que saibam com que tipo de informação estão lidando. Mas, nem sempre é assim. Algumas obras não diferenciam acepções com números, mas com ponto e vírgula, podendo-se questionar se a compreensão das fronteiras de sentido fica igualmente facilitada. O exemplo seguinte mostra esse outro tipo de proposta que não apresenta destaques facilitadores:

PÚBLICO adj. Relativo ou pertencente a um povo ou ao povo; que serve para o uso de todos; comum; relativo ao governo de um país; manifesto; notório (superl. abs. sint.: publicíssimo); s. m. o povo em geral; auditório. pú.bli.co. (Silveira Bueno, 2001).

Ainda em relação às informações que integram cada uma das acepções, encontram-se também exemplos. Nos dicionários escolares, a contextualização de uma palavra numa frase consiste num recurso muito positivo de esclarecimento do significado:

> **Cipó** s.m. ci-pó. Espécie de planta de tronco fino, comprido e flexível que se enrosca em outras árvores. *O macaco se pendurou no cipó e ficou balançando.* // pl: cipós. (Biderman, 1992).

Por vezes, são frases de textos comuns, geralmente criados pelos próprios autores do dicionário, mas há também citações de escritores, extraídas de obras literárias, jornais, revistas e letras de músicas. Esse tipo de exemplificação é chamado de abonação, podendo ser visualizada a seguir:

> **mascate** (mas.*ca*.te) *Bras*. **sm**. **1** Vendedor ambulante, que se desloca de casa em casa, ou de cidade em cidade: "...com pouco, parava na porta o mascate montado num cavalo carregado com as suas malas de mercadoria..." (José Lins do Rego, *Fogo morto*). [...] (Aulete Digital, 2006).

Outra marcação fundamental e frequente nos dicionários diz respeito aos processos semânticos que determinam alterações, ou melhor, alargamentos de sentido, indicados como usos figurativos. No verbete a seguir, as acepções de 7 a 11, todas são marcadas como *fig.*, abreviatura de sentido figurado.

> **quadro** (*qua*.dro) *sm*. **1** *Art.gr*. Cercadura gráfica ger. quadrilátera, em forma de traço simples ou múltiplo ou ornamental, que envolve desenho, texto, anúncio etc; a área (e seu conteúdo) limitada por ela: *O relatório incluía muitos quadros explicativos.* [Nesta acp. o mesmo que *boxe*]. **2** *Art.pl*. Pintura feita em superfície plana de material vário (tela, madeira, papel etc.), ger. cercada por moldura: "...Trocaste apenas quadros seculares pelas cores de novas aquarelas..." (Carlos Pena Filho, "Soneto para certa moça ou História da poesia brasileira", *in Livro geral.*). **3** Peça de madeira, cortiça, metal etc., ger. quadrilátera, presa em paredes ou muros, e em que se afixam avisos, recados etc. (quadro de avisos). **4** Painel de controle de uma instalação (quadro de força). **5** Quadro-negro, quadro de giz: "... como um aluno que não estudou a lição e quer

> escapar de ser chamado ao quadro..." (José Saramago, *Todos os nomes*.).
> **6** *Fig*. Situação, panorama: *Preocupa-o o atual quadro da empresa*. **7** *Fig*. Exposição, relato, resenha descritiva: *Traçou um quadro fiel da posição do partido ante os escândalos*. **8** *Fig*. Conjunto de carreiras e/ou de cargos isolados da administração pública. **9** *Fig*. Membro de diretoria, técnico ou alto funcionário de empresa: *Faltam quadros especializados em ecologia*. **10** *Fig*. Conjunto de funcionários de corporação, repartição, empresa, ou de participantes de uma equipe **11** *Fig*. Conjunto de membros de um clube, associação etc. (quadro social) [...] (Aulete Digital, 2006).

O uso figurativo, por ser uma espécie de alargamento de sentido, é também assinalado pela abreviatura – *p. ext.* – , forma reduzida da locução "por extensão". Desse modo, os dicionários indicam que há um processo semântico que transfere o sentido primeiro da palavra, também chamado de denotado ou literal, para um sentido segundo, chamado de conotado ou não literal. Como se pode observar no exemplo anterior, o formato de quadro, ou melhor, o feitio físico do quadro definido em 1 é transposto para as outras acepções. Por exemplo, na acepção 6, há uma relação semântica entre formato, e, por associação, com perfil e enquadramento. Em consequência, a ideia de quadro alarga-se e pode ser aplicada a casos como especificados nas acepções de 6 a 11. Esses novos sentidos agregam-se ao primeiro, tornando a palavra polissêmica. Em todo esse processo de construção de novos significados, as figuras de linguagem como a metáfora e a metonímia tem presença marcante.

Além disso, os dicionários se valem de outros recursos formais para mostrar diferenças de significado, os quais estão relacionados a contextos de uso das palavras. A problemática dos contextos de uso e suas implicações é algo muito amplo, mas, nos dicionários, é sistematizada, em primeiro lugar, entre o que se chama de léxico geral e léxico especializado. Isto significa dizer que há uma diferença entre o uso comum das palavras e sua utilização em campos de saber específico ou de práticas profissionais. Neste caso, o componente semântico da palavra está representado pelos conceitos específicos de cada área profissional.

Todo bom dicionário indica o domínio, ou seja, há abreviaturas que especificam o campo do conhecimento ou a esfera de atividade que emprega o item lexical, mas com seu conceito próprio. Tal tipo de informação é particularmente importante quando uma mesma palavra tem diferentes sentidos em diferentes domínios. Uma palavra como *planta* é conceituada diferentemente no uso comum, na biologia, na anatomia e na arquitetura, conforme indicam as respectivas abreviaturas:

> **planta**[1] [Do lat. *planta*.] *sf.* **1**. Ser vivo que pertence ao Reino *plantae* (q. v.) e que, na maioria das classificações, é qualquer dos organismos vegetais verdes, i. e., que contêm clorofila. [Em algumas classificações, tb. os fungos e as bactérias são considerados plantas.]. **2.** *Anat.* Parte do pé que assenta no chão. **3.** *P. ext.* Pé (1). **4.** *Arquit.* Desenho da projeção horizontal de um objeto, terreno, de parte de uma construção, etc. **5.** *Bras. N.E.* Plantação, plantio. [...] (Aurélio, 2004).

As marcações de especialidade são também chamadas de rubricas e só aparecem depois de todas as acepções próprias do léxico como se vê a partir do número 3 do exemplo que segue:

> **monitor** (mo.ni.*tor*) [ô] *sm.* **1** Pessoa que atua no ensino e em orientação de esportes (monitor de francês/de educação física). **2** Aluno que tem como encargo ajudar o professor em sala de aula e fora dela. **3** *Inf.* Equipamento do computador para exibição dos dados nele processados, que contém a tela de vídeo na parte frontal. **4** *Telv.* Aparelho receptor de imagens em circuito fechado. **5** *Telv.* Receptor us. para monitorar o som e a imagem numa transmissão ou gravação. **6** *Med.* Aparelho us. para monitorar funções vitais. **7** *Fís.nu.* Dispositivo portátil us. para detectar e medir radioatividade. **8** *Herp.* Grande lagarto da fam. dos varanídeos; LAGARTO-MONITOR. [F.: Do lat. *monitor, oris.*] (Aulete Digital, 2006).

Outro aspecto semântico importante, que os bons dicionários costumam abordar, é o das locuções e expressões. São conjuntos de duas ou mais palavras que têm um sentido próprio, independentemente do(s) significado(s) de cada um de seus termos, por exemplo, *abrir mão* no sentido de *desistir*. Nos dicionários, em geral, as locuções são registradas nos verbetes das palavras consideradas como base semântica, a critério do organizador do dicionário. No exemplo acima, como em casos similares, a palavra-base é o substantivo, no caso *mão*. As locuções são importantes exemplos da criatividade no uso da língua, e muitas vezes têm origem no uso popular.

Uma última chave de leitura a ser observada é a marcação do sistema de remissivas. Trata-se do uso de *"ver"*, abreviado como *V.* Com isso, o dicionário remete o consulente para um outro verbete em que lerá o significado que procura. A remissão também tem implicações semânticas, já que há equivalência de sentido entre os itens de "partida" e o de "chegada". Em geral, são razões de economia de espaço, evitando repetições, que justificam a existência do sistema de remissivas na lexicografia. O verbete a seguir mostra na subentrada *chuva de pedra*, a remissão *V.* para *granizo*:

chu.va Substantivo feminino. **1**. Precipitação atmosférica formada de gotas de água, por efeito da condensação do vapor de água contido na atmosfera. **2**. *P. ext*. Tudo que cai ou parece cair como chuva. ◊ **Chuva de pedra**. V. *granizo*. (Aurélio, 2001).

gra.ni.zo Substantivo masculino. Chuva cujas gotas se congelam ao atravessar uma camada de ar frio, caindo sob a forma de pedras de gelo; saraiva; *chuva de pedra*. (Aurélio, 2001).

Um sistema remissivo bem estruturado, que leve diretamente à informação buscada, também permite que o aluno conheça novas palavras com significados semelhantes, permitindo, inclusive, que sejam observadas as relações de sinonímia.

3.2.2 Aspectos linguísticos

A identificação de aspectos linguísticos registrados nos verbetes complementa o reconhecimento das chaves de leitura que facilitam a compreensão de conteúdos, que também são muito importantes para o ensino da língua. Embora o objetivo maior aqui não seja voltado ao estudo específico da língua portuguesa, não há como desconsiderar as numerosas informações, de caráter mais linguístico, que os bons dicionários escolares oferecem. E também não há como dissociar o trabalho com o texto do uso adequado da gramática e das estruturas lexicais da língua nas diferentes práticas comunicacionais.

Assim, se o que se relaciona ao campo semântico é de grande utilidade para as atividades textuais, o foco linguístico vai ajudar nos chamados estudos descritivos da língua, formando uma complementaridade de conhecimentos. Na realidade, não há um fronteira fechada entre língua, linguagem e aspectos semânticos, apenas há componentes diferenciados a serem identificados. A identificação dessa dimensão mais linguística consiste numa forma de descrever a língua, tarefa que a lexicografia também acaba por realizar. Nos atuais dicionários destinados à escola, a descrição de fatos linguísticos é, particularmente, detalhada.

Concretamente, um verbete de dicionário identifica e sistematiza tanto um universo de significados, quanto de elementos que são da língua e da linguagem em uso. Ao plano da língua estão relacionadas informações gramaticais propriamente ditas. Trata-se das clássicas indicações de classe gramatical, de gênero (masculino, feminino), de número (singular, plural), de substantivos, adjetivos, de regência verbal para os verbos, entre outras possibilidades que são próprias da gramática da língua portuguesa.

Mas, quando o olhar do dicionarista se desvia da "gramática" do português e desloca-se para determinadas características do uso das palavras, observando as falas e os discursos, ele adentra no plano da linguagem. A distinção entre língua e linguagem é essencial nos atuais estudos linguísticos e também orienta a leitura para algumas especificidades que um verbete oferece. O viés da linguagem explica, por exemplo, o registro de palavras arcaicas, de novas palavras, de estrangeirismos, de termos técnico-científicos como já vimos.

De fato, encontram-se muitas informações sobre o nível de linguagem, considerando sempre os contextos de uso das palavras. Por exemplo, se o uso é antigo ou obsoleto, se ele se restringe ao falar popular, à gíria (como já vimos no caso do verbete *mala*), à linguagem culta etc. As chaves correspondentes são chamadas de marcas de uso e aparecem sob a forma de abreviaturas.

Um dos importantes registros relacionados ao contexto de uso é o de regionalismo, sendo indicada a região geográfica. Pode ser de um país (Portugal ou antigas colônias, Brasil, Timor Leste), de uma região, de um estado brasileiro. A seguir, o exemplo do verbete *bicha* traz tanto marcas de uso, quanto de regionalismos com as respectivas diferenças semânticas correspondentes:

bicha (*bi*.cha) *sf.* 1 *Bras.* Lombriga. 2 *Bras.* Sanguessuga. 3 *Lus.* Fila. *a2g. s2g.* 4 *Bras. Vulg. Pej.* Homossexual masculino, homem efeminado. [**At!** Considerado depreciativo ou preconceituoso nesta acepção.] ● **bi**.*chi*.**ce** *sf.* (Caldas Aulete, 2011).

Os regionalismos são estudados à luz do conceito de variação linguística. Em linhas gerais, a variação é compreendida como o uso de palavras diferentes de uma mesma língua para dizer a mesma coisa. É considerado um fenômeno natural das línguas, valendo ser mostrado aos alunos para que entendam os sentidos dos falares regionais.

Ao adotarem a perspectiva de identificar fatos da língua em uso, os dicionários escolares passaram a incluir os chamados neologismos. Toda a palavra nova evidencia a necessidade de denominação de algo novo, pode ser um novo conhecimento, um novo produto tecnológico, uma descoberta científica, etc. Devemos, no entanto, lembrar que toda palavra dicionarizada perde o caráter de neologismo, pois se entende que se integrou ao conjunto léxico efetivo de uma comunidade linguística. Um exemplo de neologismo que foi muito divulgado é:

> **mensalão** (men.sa.*lão*) *Bras. Pop.* **sm. 1** Quantia supostamente paga mensalmente (ou com outra periodicidade, ou de uma só vez) a deputados para mudarem de partido ou para votarem a favor de projetos de interesse do poder executivo: *Acusou o deputado de ter recebido o mensalão*. **2** *P.ext.* A prática ou o esquema de pagamento dessa quantia: *políticos envolvidos no mensalão*. "O termo 'mensalão' entrou definitivamente para o vocabulário político e cotidiano do país com a entrevista que o deputado (...) deu à Folha, quando contou pela primeira vez sobre um suposto esquema de pagamentos mensais a deputados (...), no valor de R$ 30 mil." (Folha online, 05.07.2005). (Aulete Digital, 2006).

Pode-se observar que nesse verbete há uma informação, de caráter enciclopédico, que explica a situação que levou à criação da palavra, contribuindo também para ampliar a cultura do consulente.

De um ponto de vista morfológico, a criação de um neologismo mostra que os padrões de formação de palavras da língua são obedecidos como é o caso do *mensalão* que reúne a base *mensal* e o sufixo aumentativo *ão*, transmitindo a ideia de algo grande, relacionado a mês. Essa obediência às regras morfológicas da língua relaciona-se ao que se chama de léxico virtual, uma espécie de modelo internalizado que o falante tem para formar e entender novas palavras. Essa ideia de regra ou de padrão de formação de palavras ajuda a entender porque, as crianças dizem, por exemplo: *eu sabo, eu fazi*. Não fazem mais do que seguir o padrão internalizado, ou seja, a lógica da sua língua.

Os dicionários registram também os chamados neologismos semânticos: o surgimento de novos significados relacionados a palavras já existentes. Esse fenômeno, é visto em *vírus*, que além do significado biológico, ganhou uma acepção própria da informática:

> **ví.rus** Substantivo masculino de dois números. 1. *Biol.* Agente infeccioso muito diminuto, visível apenas ao microscópio eletrônico, sem metabolismo próprio, donde a necessidade de parasitar células vivas. [Segundo o material genético, se dividem em vírus DNA e vírus RNA.] 2. *Inform.* Programa carregado no computador do usuário, sem o conhecimento deste, e que, ao ser ativado de forma involuntária, executa tarefas de natureza destrutiva. (Aurélio, 2004).

Outro caso de neologismo semântico é o que ocorreu com a palavra *sinistro*. De significado negativo, relacionado a desastre, dano, prejuízo, passou a receber um novo significado, de algo bom e positivo, que surgiu como gíria em um determinado tempo e acabou sendo incorporada à linguagem dos jovens por questões de expressividade. Já está registrada em dicionário:

> **sinistro** (si.*nis*.tro) *a.* **1** Que provoca temor... **2** Que usa a mão esquerda... *sm. Gír.* Muito bom, bonito, interessante, moderno etc.; IRADO. **4** ... (Caldas Aulete, 2011).

Nas línguas, há, igualmente, incorporação de palavras estrangeiras e os dicionários as registram, evidenciando que foram aprovadas pelo uso. Além disso, elas passam integrar o léxico dos falantes porque sofrem adaptações aos padrões morfossintáticos da língua que as adota. É o caso de verbos como *xerocar*, *tuitar* e *clicar*. A base dessas palavras vem do inglês, mas o formato é de verbo do português.

Em relação às palavras estrangeiras, vale ainda destacar dois aspectos importantes de seu registro dentro da microestrutura de dicionários escolares: a informação do idioma de origem e sua transcrição fonética. Para mostrar como isso ocorre, observemos as palavras *alface* e *download*:

> **alface** *s.f.* al-fa-ce. Verdura de folhas verdes usada na alimentação. *No almoço havia salada de alface.* Orig. ár. (Biderman, 2005).

> **download** ('daunlôud) [Ingl.] Substantivo masculino. *Inform.* Em redes de computadores, obtenção de cópia de um arquivo localizado em máquina remota. ◊ **Fazer um download**. Inform. V. baixar (2). (Aurélio, 2004).

Nota-se que no final do verbete *alface* consta indicação de que a palavra é originária do árabe (*ar.*) e à entrada *download* segue a representação do som que a palavra estrangeira passou a ter em português.

Os registros das "novidades" léxicas ajudam a ver que a língua é um instrumento vivo, que se modifica e que se atualiza no decorrer do tempo e do espaço. Isso ocorre menos na gramática e mais marcadamente no léxico, razão por que ele é o "pulmão das línguas". Mas o léxico não é totalmente livre. As palavras seguem os padrões morfológicos e gramaticais próprios de cada idioma. Todavia, quando as palavras apresentam irregularidades de flexão, alguns dos atuais dicionários escolares preocupam-se em identificar esses casos como aparece na nota do verbete que segue:

> **agradar** (a.gra.*dar*) *v.* **1** Ser agradável, fazer agrado. [*td.*: *A mãe agradou a filha, e ela sorriu*. *ti.* + *a*: *Os modos do rapaz agradaram a todos*.] **2.** ... [NOTA: No port. do Brasil, na acp. 1, emprega-se cada vez mais sem preposição, como *td.*] (Caldas Aulete, 2009).

Toda essa diversidade de linguagem mostra também que o léxico de uma língua tem uma formação variada, não é um bloco monolítico. Ao contrário, o léxico é heterogêneo, dinâmico, altera-se, renova-se, amplia-se para cumprir a sua grande finalidade de dar nome às coisas do mundo sejam elas da natureza, sejam do imaginário do homem, sejam ainda nomes de criações científicas e tecnológicas, caso dos termos técnico-científicos. Há também novas palavras criadas na literatura e no linguajar popular. Diante desse movimento, o léxico pode ser definido como o "pulmão das línguas".

Atualmente, a ampliação do léxico está muito relacionada ao grande aumento da terminologia técnico-científica, hoje presente no cotidiano das pessoas, logo, também muito presente nos bons dicionários de língua. E, nos escolares, a presença de termos técnico-científicos pode também ser muito bem aproveitada nas aulas de outras disciplinas curriculares e não apenas nas de língua materna. Por tudo isso, é importante reconhecer as chaves de leitura mais comuns dos dicionários usados na escola. Como as chaves aparecem sob a forma de abreviaturas, podendo variar conforme a obra, é bom olhar para sua lista completa, sempre presente na parte inicial dos bons dicionários.

É também interessante observar que as abreviaturas tendem a se repetir como: *subst./s.* (substantivo); *adj./a.* (adjetivo); *v.* (verbo); *pron.* (pronome); *f.* (feminino); *m.* (masculino), entre outras. No entanto, para um bom aproveitamento do dicionário, é fundamental "decifrar" todas as abreviaturas gramaticais, pois elas não se restringem às mais tradicionais e variam conforme a obra. E também nem sempre estão apenas no início, logo após a palavra-entrada, mas estão também em outros pontos da microestrutura. É preciso correr os olhos por todo o verbete, já que a lexicografia destinada à escola tem descrito, cuidadosamente, muitos fatos linguísticos.

Passamos a ilustrar alguns deles, lembrando o caso das classes gramaticais. Diferentemente, do que acontece em geral, há várias palavras que são classificadas em duas classes distintas. Isso porque uma palavra pode "funcionar" como adjetivo ou como substantivo, dependendo da frase. Alguém poderá dizer:

*a) O homem **velho** chegou depois.*
*b) O **velho** chegou depois.*

Como se vê, *velho* em (a) é um adjetivo e em (b) um substantivo.

O jogo de posições entre substantivo e adjetivo é bastante comum. Como o dicionário registra as duas classes, ele ajuda a explicar que nem todas as palavras "nascem e morrem" no mesmo lugar na frase. Dependendo da sintaxe da frase, há mudança de função e consequente mudança de classe gramatical, sem alterar o sentido básico de *velho*. São informações valiosas para a compreensão do funcionamento da língua e que podem ser exploradas pelo professor com a ajuda do dicionário.

Nos dicionários escolares, a dupla possibilidade de classes costuma ser registrada como se lê em:

> **bailarino** *adj.s.m*. (indivíduo) que dança profissionalmente. (Houaiss, 2001).

Nessa obra, as duas classes são referidas pela abreviatura *adj.s.m.*, correspondente a adjetivo, substantivo, masculino. A observação desse tipo de abreviatura pode motivar o aluno a realizar uma busca mais detalhada do verbete e a fazer descobertas sobre o funcionamento das palavras e suas possibilidades sintáticas e expressivas, jogos comuns mesmo na comunicação cotidiana.

Apesar do jogo entre adjetivos e substantivos não resultar em diferenças de sentido marcantes, em geral, a mudança de classe traz consigo mudança de sentido, conforme se lê, a seguir, no verbete *bonito*.

> **bonito** (bo.*ni*.to) *a*. **1** Que afeta agradavelmente o sentido da visão (paisagem bonita); BELO; LINDO. **2** Que seduz, que encanta através da audição (música bonita). **3** Que, sem ser necessariamente belo, revela qualidade em seu desempenho, ou qualidade moral (gesto bonito). **4** *Irôn*. Que é lamentável: *Que bonita situação você me arranjou!* **5** Diz-se de dia etc. com tempo bom (manhã bonita). *sm*. **6** *Zool*. Certo tipo de peixe oceânico parecido com o atum, ainda que menor. *adv*. **7** Com graça, com habilidade: *Falou bonito*. (Caldas Aulete, 2009).

As diferenças maiores estão entre a acepção 1, que explica o sentido do adjetivo, e a de número 6, que classifica o peixe como substantivo masculino. Na acepção 7, a palavra *bonito* é classificada como advérbio. O exemplo *falou bonito*, mostra que se trata de uma forma reduzida de um advérbio que expressa um modo de dizer, ou seja, alguém falou de forma bonita. Isso também mostra que nem sempre precisamos usar um advérbio de modo terminado em *mente* na sua forma completa, quando queremos expressar um modo de dizer, de fazer, como é o caso da frase: *Eles brincaram alegremente*.

A mudança de classe ocorre também entre verbo e substantivo, apesar de menos frequente, já que identifica uma linguagem mais formal a exemplo do que ocorre na frase em que o verbo sorrir é usado como substantivo: *O sorrir do ministro contribuiu para que todos acreditassem numa mudança de rumos*.

Além das mudanças de classe, a mobilidade das palavras verifica-se também em mudanças de gênero. Há substantivos que passam do masculino para o feminino ou vice-versa. Nesse caso, modificam o significado. Ao trocar o artigo definido "a" por "o" a palavra irá dizer outra coisa. Por exemplo: *o caixa*, funcionário que opera na caixa registradora, e *a caixa*, qualquer recipiente de madeira, metal etc. que serve para guardar ou transportar objetos ou coisas; *a cabeça* (membro superior do corpo) e *o cabeça* (líder, chefe); *a grama* (capim) e *o grama* (unidade de medida de peso).

Às vezes, essas alterações correspondem a homonímias. É bom lembrar que na homonímia duas ou mais palavras são idênticas na forma gráfica e/ou fônica, mas seus significados é que são diferentes. Diante disso, as duas formas homônimas são consideradas duas palavras e os dicionários as registram em entradas separadas e numeradas, como se vê em:

gra.ma[1] Substantivo feminino. *Bot*. Nome comum a várias gramíneas ornamentais, ou forrageiras, ou medicinais. (Aurélio, 2004).

gra.ma[2] Substantivo masculino. *Fís*. Unidade de medida de massa, igual a 0,001 kg. (Aurélio, 2004).

Verificar a mobilidade das palavras é ver a funcionalidade de seus usos e os resultados implicados, como mudança de gênero, de classe, de significado. Em suma, o reconhecimento dessa propriedade auxilia ao aluno a entender melhor algumas peculiaridades da língua, o que corresponde a um ensino de aspectos da gramática, da sintaxe da língua, mas que não se fecha em si mesmo. Ao contrário, é um tipo de estudo que olha para os usos reais da linguagem para conhecer melhor os fenômenos linguísticos. Uma prática docente assim orientada tem no dicionário descritivo um apoio didático de grande valia. Para esse melhor aproveitamento, o domínio das chaves de leitura é essencial.

Essas chaves abrem também outras portas. Uma delas é a que conduz ao reconhecimento da transitividade verbal. Existem muitos verbos que tem mais de um regime de transitividade, o que está associado a diferenças de significado, como se lê em:

> **as.sis.tir** *Verbo transitivo indireto*. **1.** Estar presente; comparecer: Assisti à cerimônia. **2.** Acompanhar visualmente; ver, testemunhar: assistir a uma sessão de cinema. **3.** Competir, caber: Não lhes assistia julgar nossas ações. **4.** Assistir (5 a 7). *Verbo transitivo direto*. **5.** Auxiliar, socorrer; proteger. **6.** Acompanhar na qualidade de ajudante, assistente, assessor. **7.** Acompanhar (enfermo, etc.) para prestar auxílio: assistir (a)o doente. *Verbo transitivo circunstancial*. **8.** Residir, morar. *Verbo intransitivo*. **9.** Estar presente; comparecer. (Aurélio, 2004).

O reconhecimento da transitividade própria de cada sentido de um mesmo verbo é essencial para um bom desempenho comunicativo. De fato, a observação da regência verbal, relacionada às mudanças que ocorrem em função dos diferentes sentidos, consiste num cuidado que deve refletir-se positivamente na produção textual do aluno.

Entre as chaves de leitura do verbete, encontram-se também diversos símbolos e ícones usados para vários fins. Estes sinais servem para indicar algumas características da palavra dentro do verbete, como irregularidades de flexão, locuções, paradigmas de conjugação verbal, regências etc. Por questão de espaço, nem todas as informações tendem a ser colocadas por extenso na obra, portanto, é importante saber o significado desses símbolos, uma vez que eles ajudam no aprendizado de aspectos linguísticos ligados à gramática da língua. A seguir, temos como exemplo dois símbolos, que servem para indicar, respectivamente, uma flexão da palavra-lema (no caso, o plural) que funciona como uma subentrada, ou sentido diverso daquele do lema, no primeiro verbete, e a locução "condicionador de ar", no segundo:

espada (es.pa.da) *sf.* 1 Arma com lâmina comprida e pontiaguda, de um ou dois gumes. ◾ **espadas** *sfpl*. Naipe de baralho de cor preta. [...] (Caldas Aulete, 2009).

con.di.ci:o.na.dor (ô) Adjetivo. 1.Que condiciona. Substantivo masculino. 2.Aquilo ou aquele que condiciona. ◊ **Condicionador de ar**. Aparelho para baixar a temperatura dum ambiente fechado; ar-condicionado. (Aurélio, 2004).

 É conveniente lembrar que estes símbolos também variam de dicionário para dicionário, razão pela qual é também sempre importante consultar a lista de cada um.
 O registro de todo esse conjunto de dados linguísticos, identificados por chaves de acesso, comprovam que o dicionário é uma ferramenta de grande apoio para os ensinamentos da língua materna. Cabe ao professor direcionar o olhar do aluno para dentro do verbete, levá-lo a entender o universo de informações que lhe são oferecidas. Conhecendo mais a sua língua, o aluno pode, ele mesmo, procurar melhorar seu desempenho comunicativo.

4 O léxico descrito: alguns conceitos necessários

A parte anterior, dedicada às chaves de leitura de um verbete, permitiu confirmar que o dicionário é um *lugar de lições sobre a língua*. Muitas são as informações que um verbete cuidadosamente elaborado registra. A diversidade de informações, que obrigatoriamente devem ser confiáveis, transforma a obra dicionarística num instrumento muito fértil para a ampliação do conhecimento sobre o léxico da língua materna. Em consequência, os ensinamentos bem aproveitados contribuem muito para o desenvolvimento das habilidades de leitura, análise e produção de texto.

Para fugir do mecanicismo e motivar o professor e o aluno no desenvolvimento de atividades que ultrapassem as consultas corriqueiras, quase sempre relacionadas à existência ou não de alguma palavra, à sua grafia e ao seu sentido primeiro, avançaremos agora em alguns itens que fundamentam a estruturação de dicionários, mais, particularmente, dos verbetes. Em etapa subsequente, relacionaremos esses dados com sugestões de exercícios e atividades baseadas no uso de dicionários.

Antes, deve ficar também claro que não se trata aqui de desenvolver teorias linguísticas, semânticas, sociolinguísticas entre outras faces dos estudos da linguagem. Apenas relembramos de alguns fenômenos e componentes essenciais à compreensão do funcionamento léxico da língua portuguesa, sempre observados à luz do tratamento lexicográfico que recebem. Na realidade, muito desses conteúdos já foram referidos no capítulo dedicado às chaves de leitura. Entretanto, objetivamos agora desenvolver um pouco mais alguns conceitos para que venham a auxiliar o professor na explicação das respostas às perguntas que os alunos possam formular.

Como o eixo semântico é sempre ordenador dos verbetes de dicionários de língua e é também nele que reside o potencial de significações da palavra, por ele iniciamos, focalizando aspectos semânticos.

Tal enfoque também se justifica porque um verbete traduz a "semântica de uma unidade lexical" (REY, 1977, p. 15).

4.1 Denotação e conotação

Em primeiro lugar, referimos os níveis de significação das palavras, tendo em vista seu potencial significativo. Isto compreende o contraponto entre denotação e conotação. Os conceitos de denotação e conotação são, por vezes, objeto de controvérsias. No entanto, a diferença entre denotação e conotação explica muito do funcionamento semântico das palavras.

A denotação vincula-se ao chamado sentido literal e direciona a compreensão para uma relação entre o nome e a coisa nomeada sem outras implicações de sentido. Por isso, alguns estudiosos consideram a denotação como um mecanismo que estabelece uma referência direta ao objeto nomeado. Nessa perspectiva, as palavras significam de um modo compartilhado pelos falantes, que não confundem o significado de *pessoa* com o de *relógio*. A compreensão comum é mesmo uma condição essencial da comunicação humana.

Uma outra característica importante da denotação é que ela independe de contextualização. Daí por que o sentido denotado é também chamado de sentido primeiro ou próprio. Esse sentido é também, tradicionalmente, o primeiro a ser referido nos dicionários. Por exemplo: a palavra *vendaval* costuma ser definida como um vento muito forte que, em geral, acompanha temporais e desloca muita coisa. Este é o seu sentido primeiro, logo, denotado.

Em contraponto, a conotação é um outro plano de significação. O sentido conotado de uma palavra não remete ao que é nomeado, mas ao que é sugerido implícita ou explicitamente pelo falante. Dessa forma, o sentido conotado é dependente do contexto comunicacional, sendo considerado como um sentido segundo. Quando um falante diz, olhando para um quarto muito desarrumado: *"Parece que passou um vendaval por aqui."*, a palavra *vendaval* está sendo empregada em seu sentido segundo, logo, conotado.

Para compreender a conotação, a relação com o contexto é, portanto, fundamental. Assim, também, quando alguém ouve: *Me disseram que tinha um **gato** aqui*. Apenas o contexto poderá esclarecer se a palavra *gato* foi usada em sentido denotado, ou seja, de *animal*, ou conotado, que remete a *homem bonito*.

Como vimos nas chaves de leitura, o plano da conotação é, comumente, marcado como sentido figurado, expresso pela abreviatura *fig.*, como se confirma a seguir:

> **cobra** s.f. co-bra [ó] 1. Réptil ofídio, venenoso ou não venenoso, de espécies variadas. *Uma cobra coral mordeu o tornozelo da criança.* 2. Pessoa brava (fig.). *João ficou uma cobra com a atitude do amigo.* 3. Pessoa que sabe muito, que é muito boa em alguma coisa (fig., pop.). *Luís é cobra em matemática.* [...] (Biderman, 2005).

4.2 Metáfora e metonímia

Em relação à conotação, há um outro aspecto importante a ser observado: o sentido segundo é criado por meio de uma relação associativa por similaridade ou por contiguidade com o significado denotado. No primeiro caso, há uma metáfora e no segundo, uma metonímia. São duas figuras de linguagem, dois mecanismos diferentes, mas criadores de novos significados de palavras já existentes na língua.

As relações associativas criadoras da metáfora estão associadas a uma comparação possível, ocasionando a transposição de parte do sentido denotado de uma palavra ou expressão para o(s) sentido(s) conotado(s). É assim que um homem que rouba, um *ladrão,* é também chamado de *gato,* já que este é um animal ágil, de muita esperteza. Essa comparação que dá origem à metáfora baseia-se na relação de similaridade entre características do animal e do sujeito que rouba: a *agilidade*. De igual modo, quando alguém diz: *Estou morrendo de sede*, o uso metafórico de *morrer* explica-se pela associação entre algo intenso como é a morte e a forte necessidade de beber água.

É interessante observar que as relações associativas que dão origem a metáforas, estão muito vinculadas a visões culturais. Cada sociedade, com seus valores, vê e compreende as coisas de determinado jeito, criando elos de semelhança entre os seres, os objetos e as qualidades que observa. São exemplos disto: o uso de cores como *branco*, significando *paz*, o que está associado à *suavidade*; enquanto *vermelho* está relacionado a *sangue*, a sentimentos fortes e, consequentemente, às ideias de *vida*, *força*, *paixão* e *guerra*. Esse tipo de relação faz também com que os dicionários assinalem como extensão (*p. ext.*) alguma acepção da palavra-entrada.

Por muito tempo, a metáfora foi considerada apenas como uma figura de linguagem, um modo de "enfeitar" o discurso. Diferentemente, estudos linguísticos mais recentes têm enfatizado o papel da metáfora como um mecanismo cognitivo de grande importância para a expressão do pensamento (LAKOFF; JOHNSON, 1986). A metáfora como um tipo de processo mental está presente, inclusive, no âmbito do conhecimento científico a exemplo das Ciências Biológicas que se valem de classificações como *célula mãe*, além de células *filhas* e *idosas*.

Por sua vez, a metonímia, o outro fenômeno semântico relacionado ao sentido conotado, caracteriza-se pela referência a algo, tomando a parte pelo todo, o nome do autor pela obra entre outras possibilidades que estabelecem relações dessa natureza. Dessa forma, quando alguém diz: *Estou lendo Guimarães Rosa* fez uso de uma metonímia, pois lê a obra e não a pessoa do escritor. O mesmo ocorre, quando um falante se refere a barcos a vela, dizendo: *A equipe brasileira conta com 23 velas.*

Por todas essas razões, a metáfora e a metonímia, com suas diferentes maneiras, são responsáveis pelo acréscimo de novos significados a palavras já existentes na língua. Em geral, os sentidos conotados já são conhecidos dos falantes da língua, mas há muitos criados momentaneamente no ato discursivo e que cumprem a função de provocarem efeitos de sentido poéticos, de humor, entre outras possibilidades. Veja, por exemplo, dois neologismos presentes na obra *Tutaméia*, de Guimarães Rosa, analisados por Moura (1994): *ruindadeiro*, quem faz, pratica ou age de forma ruim, e *supliquento*, aquele que suplica.

Em relação aos neologismos literários, é bom lembrar que eles raramente estão dicionarizados, pois é muito difícil que eles passem a ser ditos, repetidos pelos falantes da língua. Para os dicionários de língua, a frequência de uso das palavras e expressões é um fator básico de seu registro.

Em síntese, todas as possibilidades expressivas, junto ao fato de que a criação metafórica traduz um importante processo mental de categorização do mundo, evidenciam que o conhecimento dos sentidos denotados e conotados de uma palavra é essencial para as atividades de leitura e produção textual.

4.3 Sinonímia

Na continuidade destes breves comentários semânticos, cabe também referir as relações de sinonímia entre as palavras. Tal como sabemos, não há sinônimos perfeitos, já que não há necessidade de criar duas palavras distintas para dizer a mesma coisa. O que pode haver é um problema de variação, isto é, o mesmo objeto é chamado de forma diferente em função do lugar, do tempo ou do emprego de linguagens profissionais. Mas a variação, que será tratada mais a frente, não é em si um fenômeno semântico e sim linguístico.

Ao contrário, o sinônimo integra as relações de significado, pois duas palavras de valor sinonímico têm em comum grande parte de seus traços semânticos. No dizer de Mattoso Câmara Jr. (1977, p. 354) a sinonímia é a "propriedade de dois ou mais termos poderem ser empregados um pelo outro sem prejuízo do que se pretende comunicar." Por isso, quando alguém diz *Vou para casa*, está dizendo que vai para sua *moradia*. Nesse caso, *casa* e *moradia* funcionam como sinônimos.

Os dicionários costumam listar sinônimos, o que ajuda muito na compreensão de significados. No entanto, é essencial que o professor alerte para o fato de que o princípio da sinonímia é o de equivalência semântica, mas não de igualdade absoluta de significados. Por isso, nem sempre as palavras podem substituídas por sinônimos. E também pode ser inadequado usar sinônimos em razão do gênero de texto em elaboração. Avaliar as condições de uso da sinonímia é, portanto, muito importante para uma boa produção textual.

4.4 Polissemia e homonímia

Toda a palavra com mais de um sentido é considerada polissêmica e como todo bom dicionário registra a polissemia, ele se torna um imprescindível instrumento de apoio ao aprendizado da língua.

Ao falarmos de polissemia, referimos relações semânticas entre as palavras. São alargamentos de sentido, aproximações e contiguidades, como ocorre com a metáfora, a metonímia e a sinonímia. O resultado será um novo significado ou uma nova acepção, de acordo com a terminologia da lexicografia. O registro dos diferentes sentidos de uma mesma palavra compõe a rede de acepções do verbete de entrada polissêmica. Diante disso, as marcações que a lexicografia faz, que denominamos de chaves de leitura, auxiliam a entender as possibilidades de uso das palavras sob o ponto de vista dos dois planos de significação que uma mesma palavra pode comportar.

Mas, diferentemente, há um outro processo constitutivo das palavras que se opõe à polissemia. Trata-se da homonímia, fenômeno que os dicionários registram e que é também bom que o aluno saiba para entender melhor o código lexicográfico. Duas palavras são homônimas quando têm a mesma forma fônica; contudo, os significados não se inter-relacionam. Em razão disso, cada uma delas constitui entrada própria no dicionário. *Manga* é um exemplo clássico de homonímia, observando-se que cada nova entrada é numerada, geralmente por número exponencial:

man.ga^1 Substantivo feminino. 1.Parte do vestuário onde se enfia o braço. 2.Qualquer peça em forma de tubo que reveste ou protege outra peça. (Aurélio, 2005).

man.ga^2 Substantivo feminino. O fruto da mangueira^2. (Aurélio, 2005).

Em grande parte, a homonímia é explicada do ponto de vista da origem das palavras. Embora fonicamente semelhantes, vieram de línguas diferentes, mas por acaso receberam a mesma denominação. Pode-se fazer uma analogia com o fato de duas pessoas receberem o mesmo nome, mas pertencerem a famílias diferentes. Seus sobrenomes não se correspondem, tal como os significados das palavras homônimas não se cruzam, ou seja, não mantêm relações associativas como bem mostra *pena*, palavra de origem grega que significa *castigo*; enquanto *pena* da *galinha* é de origem latina. Em síntese, são duas palavras diferentes, apesar da igualdade fônica, caracterizando a homonímia. Consequentemente, os dicionários as registram em verbetes próprios, aumentando a nomenclatura da obra.

4.5 Definição lexicográfica

Informar sobre os significados das palavras é certamente a maior serventia dos dicionários. Para Lara (1996), reconhecido linguista e lexicógrafo mexicano, a pergunta e a resposta dos consulentes aos dicionários é de tal forma generalizada que alcança o nível de uma prática social.

De fato, a consulta mais comum ao dicionário está na busca do significado[2] das palavras. Se há um ponto fundamental para todo o estudo de texto – leitura, análise, produção – é, sem dúvida, o conhecimento sobre o que significam as palavras e as expressões de uma língua. A explicação sobre os sentidos é dada através da definição.

A elaboração de uma definição é algo complexo e envolve muitos aspectos a iniciar pelo fato de que se trata de uma formulação de cada dicionário. Evidentemente, o dicionarista não é livre, tenta elaborar a definição, buscando expressar o(s) sentido(s) dado(s) a uma palavra pelos falantes da língua.

Falar de definição é adentrar num vasto campo de estudos, tendo em vista os muitos componentes a ela relacionados. Vamos salientar, entretanto, somente aqueles de maior interesse, considerando sua

---

[2] Neste livro, significado e sentido são usados como sinônimos.

relação com o desenvolvimento das habilidades comunicacionais e de leitura em conformidade com o nível de ensino previsto. Isso significa dizer que aqui tratamos de tipos de definição típicas dos dicionários estilo-padrão, caso do tipo 3, ou seja, o que se chama de definição analítica e aquela que se estrutura com sinônimos.

O primeiro ponto a considerar é que a definição analítica, do ponto de vista da linguagem que articula, constrói-se sob a forma de uma paráfrase que busca responder a uma pergunta simples: *o que isto significa?* Ou mais simplesmente: *o que isto?* Para dar essas respostas, a definição do tipo paráfrase inicia pela classe a que pertence o objeto denominado, seguida de características específicas, conforme os exemplos que seguem:

amarelinha sf. 1. *Bras*. Jogo infantil que consiste em pular num pé só sobre casas riscadas no chão, exceto aquela em que cai a pedra que marca a progressão do brincante. (Aurélio, 2004).

babá (ba.*bá*) **sf**. Mulher que é paga para cuidar de crianças. (Caldas Aulete, 2004).

No exemplo de *amarelinha*, grifamos a classe a que palavra refere – *jogo infantil* – e uma série de características do jogo completam a definição. Em *babá*, a definição indica que se trata de uma mulher que recebe dinheiro para exercer uma função: cuidar de crianças. Neste caso, a classe corresponde ao gênero *mulher* com a especificidade de ser *paga*. Apenas a categoria não seria suficiente para dar conta do significado de *babá*. O acréscimo de sua função – *cuidar de crianças* – é que permite entender o significado da palavra.

A definição analítica, composta por indicação de categoria e especificidades, tem forte tradição na lexicografia. É inspirada na filosofia que a chama de definição lógica. De fato, a indicação da categoria é vital para a compreensão do significado, bem como das características específicas. Estas características podem variar pela indicação de função, de tipo, de aspecto etc., mas são sempre necessárias e devem aparecer para que o consulente compreenda o significado da palavra consultada e não o confunda com outro. Este não é o caso de definições que podem ser formuladas sem as devidas especificações como ilustram as que seguem:

>   **cachorro**: *animal doméstico.*
>   **alface**: *planta hortense comestível, usada em saladas.*
>   **alegre**: *relativo à pessoa alegre.*

Esses três enunciados são ilustrativos de definições problemáticas, porque as características específicas apresentadas não estabelecem diferenças de sentido. A mesma definição de alface serve para *rúcula*, a de *morango* para *acerola* ou *pitanga* e a de *cachorro* para *gato*. As imprecisões prejudicam a compreensão do sentido, o que também está associado à inadequação da categoria escolhida, como se lê em:

>   **blusão**: *espécie de casaco folgado que se usa sobre a camisa e fora da calça.*

Um blusão não é uma espécie de casaco, mas um outro tipo de vestimenta, assim como as características específicas apresentadas não são típicas de um blusão. Daí a importância de escolhas adequadas para a clareza e precisão do significado e, consequentemente, para a boa formulação de uma definição analítica.

Mais ainda, é essencial que no enunciado definidor sejam utilizadas palavras adequadas ao nível de conhecimento do usuário visado. Alguns lexicógrafos esquecem-se disso e apresentam definições carregadas de termos técnico-científicos.

A adequação da linguagem ao nível do consulente é muito importante em dicionários escolares. Observe as duas definições possíveis para a palavra mamoeiro; a segunda é mais técnica do que a primeira:

>   **mamoeiro**: *planta de caule leitoso, de tamanho médio e que produz o mamão.*

mamoeiro: arvoreta caricácea, frutífera.

Em casos de definições de elementos da natureza e de objetos do mundo, alguns dicionários usam ilustrações para facilitar a identificado do que é definido. No entanto, esse recurso é mais comum e mesmo necessário em obras destinadas ao público infantil.

Mas, além do enunciado definidor, típico das paráfrases, os dicionários de formato clássico recorrem a sinônimos como forma de elucidar o significado. É um recurso útil, que pode ser bastante esclarecedor, mas não é um substituto de definição. Apesar disso, é comum o uso da denominação "definição sinonímica", quando o sinônimo cumpre a função de aproximar significados a exemplo de:

construir (cons.tru.*ir*) *v.* **1** Formar, organizar. [...] **2** Representar, consistir em. [...] (Caldas Aulete, 2004).

No plano das definições sinonímicas, a qualidade de um dicionário está muito relacionada a dois cuidados essenciais. O primeiro deles é evitar definições circulares, muito frequentes, quando são usados sinônimos. Este é, por exemplo, caso de *alegria*, definida como: *contentamento, satisfação*. Por sua vez, *contentamento* tem como definidores: *alegria, satisfação*. Por último, *satisfação* é definida por *alegria e contentamento*. Diante disso, um consulente dá voltas e nenhuma das definições é esclarecedora, já que sinônimos são equivalências semânticas parciais e não integrais.

Um segundo cuidado a evitar são as chamadas "pistas perdidas", que ocorrem quando no enunciado da definição está incluída alguma palavra que não consta na nomenclatura do mesmo dicionário. Isto é bastante comum em definições de termos técnicos em alguns dicionários de língua.

Outra questão importante na definição refere-se à presença de ideologia, tendo em vista que, ao definir determinadas palavras, é bastante compreensível que apareçam aspectos ideológicos, como em *greve*, conforme exemplo apresentado por Pontes e Santiago

(2009, p. 119). Nele, se percebem distintos pontos de vista acerca do movimento:

> **gre.ve** s.f. Recusa, resultante de acordo, de operários, estudantes, funcionários, etc., a trabalhar ou a comparecer onde o dever os chama até que sejam atendidos em certas reivindicações. (Aurélio, 2004).

> **GREVE**, s.f. Suspensão coletiva do trabalho por iniciativa de empregados que reivindicam melhores condições de trabalho, melhores salários, etc. (Silveira Bueno, 2001).

O conhecimento sobre definições, tipos, qualidades e problemas é de grande utilidade para qualquer trabalho com texto. Evidencia problemas de correção, de suficiência ou não de dados apresentados num texto. Acrescentem-se também o desenvolvimento do pensamento lógico e a adequação da definição ao nível de linguagem do consulente. Tudo isso pode ser aproveitado e transposto para a avaliação da coerência e qualidade de um texto seja na perspectiva de análise crítica, seja na da própria redação do aluno. Complementarmente, os estudos de definição também permitem reconhecer qualidades de um bom dicionário.

4.6 Variação linguística

Um fenômeno natural apresentado por qualquer língua é o da variação linguística. Nela, reside a ideia das diferenças de realização linguística. Uma mesma comunidade linguística pode falar de diferentes maneiras, caso típico dos regionalismos.

A variação se faz presente no léxico sob vários aspectos: fonético-fonológico, morfológico, sintático, semântico, estilístico e pragmático, sustentados por fatores extralinguísticos de cunho geográfico, etário, socioeconômico, sexo, nível de escolaridade, entre outros. Dessa forma, a variação linguística pode ser entendida como as diversas formas de expressão que são possíveis e que estão à disposição dos falantes. Portanto, pode-se dizer seguramente que não existe língua que não varie.

Os bons dicionários registram e assinalam aspectos relativos à variação linguística. O exemplo a seguir assinala aspectos de usos geográficos, que, em geral, são marcados como regionalismos, palavras de uso predominante em alguma região do país:

> **bergamota** sf Bot 1 Designação da mexerica no Rio Grande do Sul, mimosa, no Paraná, tangerina, no Rio de Janeiro, laranja-cravo, em outras regiões, de cuja casca se obtém um óleo volátil muito usado em perfumaria. 2 Fruto dessa árvore. [...]. (Michaelis, 2007).

Observamos que num estado brasileiro diz-se *bergamota*, enquanto em outros a mesma fruta é chamada de *tangerina* e *laranja-cravo*. Outro exemplo clássico é denominação de *abóbora*, comum nos estados do sul do Brasil, mas o nordeste denomina de *jerimum*. Diferenças desse tipo também são muito comuns entre países. O que chamamos de *café da manhã*, em Portugal denomina-se *pequeno almoço*.

Considerando-se o tempo, a palavra *retrato* já é antiga em relação à palavra *foto*. Há ainda variação entre a linguagem profissional e a leiga, por exemplo, uma pessoa comum diz que tem *pedra nos rins*, enquanto na linguagem médica a mesma doença é identificada como *litíase renal*. Na terminologia médica, ao invés de pedra, é usada a palavra grega *litíase*. Assim também, o termo médico é pneumonia e *pontada* é seu correspondente popular.

Como vimos, a variação é um fenômeno real do funcionamento da linguagem. De fato, é comum que, em lugares, épocas e ambientes profissionais diferentes as pessoas chamem de modo distinto a mesma coisa. Pode também ocorrer que a palavra seja usada só num lugar e não noutro. No próximo exemplo, a palavra de entrada tem o registro *PA*, por ser típica do Pará:

> **tacacá** s.m. *PA* caldo feito com a goma da mandioca, camarões e tucupi e temperado com alho, sal e pimenta, a que se adiciona jambu, erva com a propriedade de provocar sensação de formigamento na boca [...] (Houaiss, 2009).

Alguns dicionários de maior tradição em pesquisas linguísticas costumam assinalar nosso léxico como *bras.*, abreviatura de brasileirismos, como em:

> **carapanã** Substantivo masculino. *Bras. Amaz. Zool.* V. *mosquito*. (Aurélio, 2004).

A variação torna evidente que o léxico de um idioma é heterogêneo, ou seja, ele é composto de palavras e de locuções que nascem, são ou foram usadas em vários lugares, em épocas diferentes; envolve também saberes diferenciados, usos cultos, gírias entre outras possibilidades. Apesar disso, mantém uma característica: a referência é a mesma, mas a palavra que denomina é outra. Por isso, variantes são formas de dizer distintas de uma mesma língua.

4.7 Palavras lexicais e palavras gramaticais

O léxico comporta ainda outra divisão lexical que ajuda muito a compreender a constituição do léxico de um ponto de vista mais formal. Tem um caráter mais linguístico e se relaciona a uma divisão entre as classes gramaticais do português. Trata-se de dois grandes grupos: um formado pelas chamadas palavras lexicais e um segundo, composto pelas palavras gramaticais, conforme veremos a seguir.

No grupo das palavras lexicais estão os substantivos, os adjetivos e os verbos; já no segundo, estão as outras classes como os artigos, pronomes, as preposições, conjunções, os advérbios. Cada um desses tipos de palavra cumpre uma função diferente.

As lexicais caracterizam-se por dar nomes, qualificar e identificar ações e estados. Elas então possuem uma carga semântica e estabelecem relações entre o homem e o mundo. Como diz um dicionarista:

"Quem se ocupa do léxico comumente trata primeiro das palavras lexicais que, na verdade, fazem ponte entre a realidade objetiva e a língua, começando pelos nomes (substantivos)" (BORBA, 2003, p. 176).

Tanto assim é que um substantivo pode dar nomes a coisas comuns como *pedra* e *rio* e até nomes próprios, como *Pedro* e *Brasília*. No entanto, nenhuma conjunção como *mas* ou *porque* ou uma preposição como *de* ou *até* dá nome ao que existe no mundo. As palavras gramaticais cumprem, portanto, funções diferentes: elas relacionam palavras, formando locuções e compõem a sintaxe das frases. Por exemplo, a preposição *de* ajuda a juntar palavras, formando a locução *pasta de dente* e uma conjunção como *mas*, relaciona frases trazendo um sentido específico como é o caso: *Eu gostaria de ir, mas não posso*.

O conhecimento dessa divisão ajuda muito na compreensão do funcionamento das diferentes classes gramaticais de uma língua. Permite ao aluno também perceber que, ao contrario do que ocorre com as palavras gramaticais, ele pode "brincar" com as palavras lexicais. Elas comportam graus diferentes, caso dos substantivos e adjetivos; já os verbos flexionam em pessoa, tempo e lugar.

Por esse caminho, o aluno pode perceber, por exemplo, que o emprego de um diminutivo ou de um aumentativo não quer dizer obrigatoriamente que é algo é só menor ou só maior. Classificar uma boa partida de futebol como um *jogão*, não quer dizer que ela durou mais do que os noventa minutos regulares. É bom mostrar que os recursos gramaticais da língua abrem caminhos para a expressividade.

Além disso, as palavras lexicais podem dar origem a novas palavras. Por meio da derivação e da composição são formadas famílias de palavras, o que explica que a partir, por exemplo, de *terra*, tenham sido formadas: *terreno, terraço, terreiro, terráqueo*. De fato, a formação de palavras cognatas, constituindo famílias de palavras, consiste numa boa lição de morfologia, confirmando também que o léxico é "ecológico", como diz Margarida Basilio (2004).

A identificação de que a maioria das palavras é formada a partir de outra palavra já existente também ajuda a ampliar o vocabulário do aluno. Mais ainda, abre-lhe um caminho fértil que o ajuda olhar para a palavra como uma fonte simultânea de informações gramaticais e semânticas.

5 Sugestões de aproveitamento: alguns exercícios e atividades

Ao longo deste livro, procuramos sempre estabelecer relações entre os registros que o dicionário faz – semânticos, linguísticos e discursivos – e algumas possibilidades de aproveitamento pelo aluno das "lições" que a organização e o uso do dicionário oferecem. Agora, nesta parte, de forma mais direta, trazemos algumas sugestões de atividades e de exercícios práticos que objetivam:

a. auxiliar o professor a enfrentar o desafio de tornar seus alunos melhor aparelhados para as tarefas relacionadas à comunicação;
b. proporcionar ao aluno uma experiência concreta do uso do dicionário, para seu melhor desempenho nas práticas de leitura, análise e produção de texto;

Mesmo de modo indireto, objetivamos também contribuir para que o aluno amplie seu conhecimento sobre o fatos da língua e da linguagem.

O ideal é que o aluno compreenda que, em sua formação, precisa trilhar caminhos novos e desafiadores, valendo-se dos ensinamentos que lhe são oferecidos nas aulas de língua materna e da riqueza de informações que o dicionário registra. E também se sinta motivado para ler melhor, redigir e ainda revisar o próprio texto, buscando torná-lo mais adequado e eficaz, em função de seus propósitos comunicacionais e os de seu leitor. Por tudo isso, é essencial saber lidar com o mundo das palavras, reconhecendo os arranjos semânticos e expressivos que seu uso adequado proporciona, além das condições gramaticais e sintáticas exigidas pela contextualização das palavras nas frases e nos textos.

Sabemos que uma boa leitura e uma produção textual competente exigem muito mais. Sabemos também que a aquisição do léxico é um processo que não se encerra, pois se desenvolve ao longo da vida. Contudo, é inegável que o conhecimento e o manejo adequado do léxico em suas diferentes realizações é um fator estratégico para assegurar e ampliar a habilidade leitora e redacional das pessoas. Daí a importância de a escola propor atividades que motivem reflexões e práticas, envolvendo o potencial significativo das palavras e locuções e seus modos de funcionamento nos textos.

As proposições de exercícios e atividades logo apresentadas estão focadas no léxico do português do Brasil, que é o objeto maior dos dicionários de língua de uso escolar. Todas têm relação com aspectos imbricados na produção e revisão textual, bem como na leitura. Em razão dessa perspectiva, as atividades estão organizadas em quatro blocos distintos, apesar de que todos se entrelaçam de alguma forma: questões semânticas, ampliação do vocabulário, adequação das escolhas lexicais e análise crítica de definições.

5.1 Questões semânticas

O desenvolvimento de questões semânticas e textos têm como focos centrais os fenômenos de: polissemia, ambiguidade, metáfora, metonímia. Inclui-se ainda a construção de neologismos em razão dos aspectos de expressividade também abordados.

Sem dúvida, uma relação essencial entre semântica e texto está na polissemia, seja para reconhecer e evitar ambiguidades na comunicação, seja para explorar o potencial de significação das palavras. Trabalhar com polissemia é, portanto, reconhecer e aproveitar as possibilidades de sentido relacionadas aos dois planos de significação das palavras: denotação e conotação. Em exercícios de leitura, as palavras desconhecidas de um texto são facilmente buscadas no dicionário. Mas, é importante que essa busca seja motivada pelo reconhecimento de que uma mesma palavra tem ou pode ter mais de um significado.

O contexto é que vai mostrar qual o sentido proposto. Daí a importância de escolher textos nos quais foram usadas palavras polissêmicas, mesmo que eles sejam pequenos, como um diálogo:

Uma amiga diz para a outra:
*– O Pedro me disse que quer colocar as coisas na **balança** contigo.*
E ela responde:
*– Mas, antes, vou **tocar** o telefone. Ele há de me dizer a verdade.*

Nesse pequeno diálogo entre duas mulheres que falam de uma terceira pessoa e de relação tensa, há palavras de duplo sentido que contribuem para que o texto revele-se ambíguo numa primeira leitura. O aluno pode:

a. identificar as palavras empregadas conotativamente que dificultam a clareza do texto;
b. reescrever o texto com palavras que digam a mesma coisa, mas sem trazer dificuldades de compreensão.

O mesmo pode ser feito com frases ou parágrafos que contenham palavras atuais, com sentidos usados pelos jovens. Isso ajuda a entender os dois níveis de significação das palavras polissêmicas.

*Entre os dois **pintou um clima**. Ficaram juntos toda a noite.*
*Depois do **rolo**, o **clima** ficou bom na festa.*

Um bom exercício para que os alunos "experimentem" o jogo polissêmico das palavras e, sobretudo, o uso conotado é propor que escrevam frases, textos com nomes de animais, flores e frutas. Em geral, esse tipo de palavra comporta sentido duplo a exemplo de: *Ele deu um sorriso amarelo.* Ou então: *Ele é um banana.*

A polissemia também facilita a compreensão de que há uma relação associativa entre os diferentes significados de uma palavra como em:

> *Joana tem um **gato** de estimação.*
> *Aquele rapaz é um tremendo **gato**.*
> *A companhia elétrica identificou um **gato** na fábrica.*

Nesse caso, cabe solicitar a consulta ao dicionário para identificar os sentidos conotados, verificando as marcas de uso que lhe são atribuídas. Posteriormente, o aluno deve explicar qual é a relação associativa que possibilitou a criação dos sentidos conotados.

Por sua vez, as definições do dicionário ajudam a entender, por exemplo, as relações semânticas entre os diversos sentidos do substantivo *porta*, conforme as seguintes frases:

> *O Enem, hoje é mais do que uma avaliação, é uma **porta** de entrada para as universidades, tanto públicas quanto particulares.*
> *Ele é uma **porta**.*
> *Meu amigo me abriu as **portas** para um emprego.*

Para bem compreender a construção metafórica, o aluno deve saber explicar as relações associativas entre o significado de *porta*, objeto físico que cumpre uma função, e os outros sentidos presentes nas três frases anteriores.

Além disso, ele pode ser levado a perceber o papel da metáfora na expressão dos sentidos, já que ela se estrutura sobre comparações. A metáfora não é só um enfeite, um adorno que os bons escritores utilizam, mas é uma estratégia cognitiva que auxilia, em muito, a objetivar o pensamento.

Vale também lembrar que a toda hora, usamos metáforas, mesmo sem perceber. Na linguagem comum, há muitas frases feitas que correspondem a expressões metafóricas como: *pisar na bola, tomar um banho de agua fria, rodar a baiana, chutar o balde, descascar um abacaxi* etc. O mesmo ocorre com a metonímia a exemplo de: *tomou um copo de água, adoro Drummond, comprar uma gilete*, entre outros. Além disso, o uso do dicionário pode ajudar na compreensão do sentido de expressões antigas que deixaram de ser usadas como é o caso de: *pintar o sete*, *botar as barbas de molho*.

Diante disso, um bom exercício a propor é solicitar que sejam explicadas essas construções de um ponto de vista semântico, no que o dicionário sempre ajuda. A partir da consulta, o aluno poderá redigir frases ou pequenas passagens com expressões metafóricas. Isso sem esquecer que o uso de expressões desse tipo deve ser adequado ao estilo do texto redigido. Por exemplo, não cabe dizer *Ele pisou na bola* se o texto que refere algum deslize deve ter um tom mais formal.

Os exercícios semânticos não podem deixar de enfatizar as questões relativas à ambiguidade que, em geral, é ocasionada pela duplicidade de sentido de uma palavra ou de uma expressão. Para tornar também as atividades mais lúdicas, é bom recorrer a textos de humor – piadas, crônicas, tirinhas – que tenham passagens divertidas em razão da ambiguidade. Veja os exemplos:

> *A professora pergunta:*
> *– Em qual **estado** corre o Rio São Francisco?*
> *E o Joãozinho responde:*
> *– No **estado líquido** professora!*

De fato, o humor tem na polissemia lexical, causadora de ambiguidade, um dos seus mais fortes recursos como bem mostra a tirinha a seguir:

(Fonte: <http://prof-fabio-portugues.blogspot.com.br/2011/04/semantica-polissemia-explorada--nas.html>)

De igual modo, é engraçado o sentido segundo que a placa sugere:

(Fonte: http://confundindo-para-esclarecer.blogspot.com.br/2009/04/ambiguidade.html)

Em relação a este cartaz, o professor pode formular perguntas como: qual o sentido de *muda*? O sentido primeiro de *incapacidade de falar* ou o de *trocar de moradia*? Ambos são sentidos denotados, mas a formulação do cartaz sugere a dupla interpretação. No entanto, a dupla leitura se desfaz com o *vende tudo* que direciona para o sentido pretendido.

Vale chamar atenção que, na consulta ao verbete do verbo "mudar(-se)", não consta uma acepção equivalente a "não falar". Nesse caso, pode ter sido um equívoco de linguagem, tendo em vista a ausência da partícula pronominal (se), ou então uma redação propositadamente ambígua. O redator buscava um efeito de sentido duplo para chamar a atenção ao seu cartaz.

É importante mostrar que a ambiguidade não se caracteriza obrigatoriamente como um erro. Criar uma ambiguidade intencional, com o uso de palavras polissêmicas, é uma forma de provocar propositadamente diferentes efeitos de sentidos. Muitas vezes, a publicidade faz esse jogo expressivo para chamar atenção ao seu produto, como mostra o exemplo com o dicionário:

Dicionário BOM PRA BURRO.

Diante de enunciados assim, o professor poderá propor exercícios que explorem o potencial significativo e expressivo de palavras polissêmicas. Uma boa atividade é pedir que os alunos tragam exemplos de anúncios publicitários ou de anedotas que usam a polissemia para criar efeitos de sentido. A comprovação da polissemia será feita com a ajuda do dicionário.

Um tipo de trabalho igualmente interessante que envolve polissemia e ambiguidade, e bastante produtivo para a produção de textos coesos e precisos, é levar o aluno a transformar uma passagem ambígua em algo mais definido, mais claro e objetivo. O exercício de desambiguizar o texto pode ser proposto com base numa palavra polissêmica como *torpedo*:

Garota envia **torpedo** *e impede assalto em Osasco.*
(Fonte: <http://www.estadao.com.br/noticias/impresso,garota-envia-torpedo-e-impede--assalto-em-osasco,586057,0.htm>)

Torpedo detona crise entre Coreia do Sul e Coreia do Norte.

(Fonte: <http://noticias.terra.com.br/mundo/noticias/0,,OI4440294-EI8143,00-Torpedo+detona+crise+entre+Coreia+do+Sul+e+Coreia+do+Norte.html>)

O verbete do dicionário pode ajudar muito, tal como se vê:

torpedo (tor.*pe*.do) [ê] *sm*. **1** *Bras. Pop.* Bilhete entregue a alguém, por intermediário, ger. em local público e com intenção de conquista. **2** *Bras.* Mensagem curta enviada para outrem por meio de telefone celular. **3** *Antq. Mar.G.* Projétil explosivo que se lança de submarinos, navios ou aviões sobre embarcações. [...] (Aulete Digital, 2006).

Além de trabalhar com esses tipos de textos relacionados a questões de polissemia, o uso do dicionário também é muito valioso para auxiliar na leitura de textos literários, entre eles a poesia. Esta é uma sugestão de atividade mais desafiadora, já que a poesia não é um tipo de leitura comum ao jovem. Seguem então sugestões de exercícios que podem ser chamados "Para ler poesia" e que se inspiram em dois poemas de Manuel Bandeira de sua Antologia poética (1986):

O BICHO
Vi ontem um bicho
Na imundície do pátio
Catando comida entre os detritos.
Quando achava alguma coisa,
Não examinava nem cheirava:
Engolia com voracidade.
O bicho não era um cão,
Não era um gato,
Não era um rato.
O bicho, meu Deus, era um homem.

A interpretação dessa poesia não é difícil. Mais importante é o aluno perceber que ela se constrói baseada numa metáfora que não objetiva "enfeitar" o poema, mas sim explicar o modo como o poeta enxerga um homem faminto, um homem que perde sua condição de ser humano ao procurar alimento.

Para alcançar essa compreensão, pode ser pedido ao aluno que:

a. Identifique a metáfora básica.
b. Explique a sua formação, ou seja, identifique a relação associativa entre as ações do homem faminto e de animal.

Para facilitar a tarefa, consulte os verbetes *bicho* e *homem* no dicionário. Veja se há acepções que aproximam as duas palavras ou se foi apenas a criação poética que estabeleceu essa criação.

Na mesma linha, o professor pode pedir que o aluno escolha uma palavra que comporta um sentido conotado e escreva algo com esse sentido. Podem ser sugeridas palavras como *fibra*, *tempero*, *roxo*, mas o aluno pode ser motivado a buscar ele mesmo no dicionário uma palavra polissêmica ou mesmo uma locução que inclui a palavra escolhida.

Com base em outro poema de Manuel Bandeira, o aluno pode ser motivado a pensar a questão dos neologismos: criação de novas palavras, criação de novos sentidos.

NEOLOGISMO
Beijo pouco, falo menos ainda.
Mas invento palavras
Que traduzem a ternura mais funda
E mais cotidiana.
Inventei, por exemplo, o verbo teadorar.
Intransitivo:
Teadoro, Teodora.

Após a leitura, o aluno pode tentar criar neologismos, mas claro que sempre dentro de uma frase, de um parágrafo. Depois, devem ser discutidos os resultados da criação:

a. para palavra nova: definir o sentido e observar se ela está de acordo com algum padrão de formação de palavras do português;

b. para um sentido novo: criar uma definição e verificar se ele já consta do dicionário.

5.2 Ampliação do vocabulário

Este item destaca o uso de sinonímia, envolvendo adequação e inadequação de trocas lexicais nas produções textuais.

Um dos maiores desafios de um professor é levar o aluno a ampliar seu vocabulário não só para que ele leia melhor, como se expresse melhor. A competência lexical pode sim ser ampliada fortemente. Um domínio maior de vocabulário é condição de bom desempenho, inclusive, num futuro profissional. Exercícios de leitura são sempre necessários e contam com a ajuda do dicionário.

No entanto, para que a palavra nova incorpore-se ao vocabulário do aluno, e se possível, passe a fazer parte de seu léxico ativo, ou seja, aquele que ele usa, não basta mandar consultar o dicionário. É bom criar situações que permitam vivenciar, "mexer" com as palavras. Exercícios de sinonímia são sempre produtivos, mostram possibilidades de usos de palavras de valor semântico equivalente:

*A prova foi **cansativa**.*
*A prova foi **exaustiva**.*
*A prova foi **fatigante**.*
*O **exame** foi cansativo.*
*O **teste** foi cansativo.*

As frases acima não alteram basicamente o sentido, mas têm uma diversidade vocabular. No conjunto, é usada a sinonímia, que é sempre uma relação de equivalência semântica entre certas palavras e expressões. Esta é uma boa forma de criar paráfrases. Duas sentenças são consideradas paráfrases uma da outra quando descrevem de maneiras equivalentes um mesmo acontecimento ou um mesmo estado de coisas.

Um bom exercício de ampliação do vocabulário é o uso de sinônimos na reescrita de pequenos textos, isto é, utilizando o recurso da paráfrase. Mas atenção: alerte o aluno para o fato de que substituir palavras nem sempre dá certo. O emprego de sinônimos pode não ser adequado, como ocorre na piada que segue:

> *Ao terminar o almoço com o pai, na presença de alguns convidados, disse enfaticamente o menino:*
> *– Papai, estou **cheio**!*
> *O pai imediatamente corrigiu-o:*
> *– Diga **satisfeito** e não **cheio**.*
> *Pouco tempo depois, já na rua, ao ver um ônibus lotado, o menino voltou-se para o pai e disse:*
> *– Veja, pai, como aquele ônibus está **satisfeito**.*
> (Fonte: http://www.linguacomtexto.com/humor/humor.htm)

O problema causado pelo uso de um sinônimo contextualmente inadequado mostra que a escolha de palavras não é sempre livre, mas depende da adequação ao contexto comunicativo e ao tipo de gênero textual. Com essa mesma perspectiva, podem ser feitos vários exercícios do tipo: "dá para substituir?". O dicionário vai ajudar nisso, especialmente, se tem exemplos de uso. Os exemplos abaixo servem de inspiração, mostram relações sinonímicas, ou seja, há uma igualdade parcial de sentidos, mas não equivalência total:

a) mesmo x igual
mesmo: *um só;* **igual**: *outro, idêntico.*

"Estamos com o mesmo problema do ano passado." (= É um problema só. Significa que o problema do ano passado não foi resolvido);

"Estamos com um problema igual ao do ano passado." (= É outro problema, com as mesmas características do problema do ano passado).

b) reverter x inverter x modificar

reverter: voltar ao que era antes; **inverter**: mudar para o oposto; **modificar**: simplesmente mudar, alterar.

"O paciente entra em coma. Os médicos tentam reverter o quadro."
"O Detran deve inverter a mão desta rua."
"É preciso modificar as regras do jogo."

c) comercializar x vender

comercializar: comprar, vender, alugar, emprestar...; **vender**: é uma das atividades da comercialização de um produto.

"É uma empresa que comercializa software em todo o país."
"O Vectra está sendo vendido por 30 mil reais."

(Fonte: Coluna de Sérgio Nogueira. In: *O Sul*. Porto Alegre, domingo, 4 de março de 2012. p. 5)

5.3 Adequação das escolhas lexicais

Os tópicos abordados relacionam a adequação lexical, questões de variação linguística a tipos de linguagem, considerando qualidades do texto como coesão e coerência.

Uma das qualidades de um bom texto está no léxico nele empregado, sobretudo, no que se relaciona à adequação das palavras:

- ao contexto de uso: linguagem coloquial, formal, pejorativa, falares regionais, gírias, entre outras;
- aos gêneros textuais e discursivos.

O cuidado com as devidas escolhas lexicais é decisivo para a coerência e coesão do texto. Chamar a atenção para esse fato é importante e o aluno pode ser motivado a desenvolver análises críticas de texto, avaliando a adequação da linguagem utilizada para uma boa compreensão dos sentidos textuais. Exercícios desse tipo podem se tornar atividades lúdicas e criativas em função das escolhas dos textos para análise, que podem ser crônicas, contos e manchetes de jornais. Os textos não só verbais como as tirinhas são também bem elucidativos.

Para explicar problemas de adequação ou não vocabular, o conceito de variação linguística vai ajudar. Por exemplo, as linguagens de diferentes regiões brasileiras não são entendidas por todos. De fato, o uso de regionalismos pode dificultar a compreensão. Veja os dois textos, o primeiro é com o falar do sul e o outro com o do nordeste:

Texto 1 - *Bagé*

"Certas cidades não conseguem se livrar da reputação injusta que, por alguma razão, possuem. Algumas das pessoas mais sensíveis e menos grossas que eu conheço vêm de Bagé, assim como algumas das menos afetadas são de Pelotas. Mas não adianta. Estas histórias do psicanalista de Bagé são provavelmente apócrifas (como diria o próprio analista de Bagé, história apócrifa é mentira bem-educada), mas, pensando bem, ele não poderia vir de outro lugar. Pues, diz que o divã no consultório do analista de Bagé é forrado com um pelego. Ele recebe os pacientes de bombacha e pé no chão.

– Buenas. Vá entrando e se abanque, índio velho.

– O senhor quer que eu deite logo no divã?

– Bom, se o amigo quiser dançar uma marca antes, esteja a gosto. Mas eu prefiro ver o vivente estendido e charlando que nem china da fronteira, pra não perder tempo nem dinheiro.

– Certo, certo. Eu...

– Aceita um mate?

– Um quê? Ah, não. Obrigado.

– Pos desembucha.

– Antes, eu queria saber. O senhor é freudiano?
– Sou e sustento. Mais ortodoxo que reclame de xarope.
– Certo. Bem. Acho que o meu problema é com a minha mãe.
– Outro...
– Outro?
– Complexo de Édipo. Dá mais que pereba em moleque.
– E o senhor acha...
– Eu acho uma poca vergonha.
– Mas...
– Vai te metê na zona e deixa a velha em paz, tchê!"

(Luiz Fernando Verissimo. In: Todas as histórias do analista de Bagé).

Texto 2 - *Deu Fuá!*

O abestado do Raimundim zanôi, num tinha o que fazer e, ontonte, no relabucho do Mané da Farmácia, inventou de dá uma pinada na patroa do Zé Inácio! Foi o maior fuá!!!!

Zé viu e sapecou a mão no escutador de fuxico do cabra, chega ele ficou zonzo e caiu em cima da mesa do Mão de Trivela. Ai o pau cantou, foi tanta cadeira, tanta muié se esguelando, que o forró teve que acabar, o candieiro apagou que ficou tudo um breu! Chegaram os samangos, mas foi mermo que nada, entraram foi no cacete também.

Prá encurtar a conversa, por uma peinha de nada não aconteceu o pior, e é por que puxaram até peixeira!

Ainda bem que foi só uma briguinha de menino, hoje mesmo já vi o Raimundim comprando remédio na farmácia do Mané e, ouvi também de fonte segura que ele vai ser padrim dum fio do Zé Inácio, que vai nascer... Tomara que tenha festa no batismo!!!!

(José Rogério Brito Ribeiro. Retirado de http://doceares.blogspot.com.br/ em 30 de março de 2012)

Nesses textos, percebemos a presença de palavras que caracterizam o falar de diferentes regiões geográficas, que fazem parte da identidade cultural. São retratos revelados pelo léxico através dos regionalismos, que na maioria das vezes são registrados e marcados nos dicionários. No texto do sul, além de uma representação da fala do gaúcho da fronteira, ou seja, o que está ao lado do Uruguai e da Argentina, há também *charlando*, uma flexão do verbo *charlar* que é uma adaptação do verbo 'falar' do espanhol. No norte, *intriga* é, popularmente, chamada de *fuá*. Esta palavra está dicionarizada, facilitando a compreensão dos falantes de outra região que não usam a mesma denominação.

Assim como temos vocabulários regionais, há também o chamado léxico especializado formado por termos técnico-científicos. É o vocabulário de áreas profissionais como medicina, direito, informática etc. Grande parte dos termos está também nos dicionários e as áreas de conhecimento estão indicadas por meio de marcas de uso.

Os termos mostram que as palavras podem ter, além de sentidos gerais, sentidos especializados. Nesta perspectiva, vale lembrar que o dicionário é uma ferramenta que colabora para o aprendizado de outras disciplinas, como ilustra o verbete *reino*, o qual contempla acepções relativas à História. Além disso, marca na acepção 5 que o termo tem um sentido específico na área de Biologia (Biol.):

> **rei.no** Substantivo masculino. 1. Monarquia governada por um rei, regente, rainha, etc. 2. Os súditos do reino. 3. Domínio, âmbito. 4. *Restr*. O reino de Portugal (em relação ao Brasil colonial e a outras colônias portuguesas). 5. *Biol*. Cada uma das mais abrangentes categorias em que se agrupam os seres vivos da natureza: o dos *animais*, o das *plantas*, o das *moneras*, o dos *protistas*, o dos *fungos*. [...] (Aurélio, 2004).

Uma boa atividade é fazer a leitura de algum texto de ciência ou de tecnologia. Há muito hoje nos jornais e em livros de ciência da própria escola. A aula de língua materna pode ajudar na compreensão de textos de outras matérias. De fato, o dicionário funciona como uma ferramenta que também colabora para o aprendizado de outras disciplinas. Na realidade, ele é sempre útil para quem quer mesmo saber o que as palavras significam, como mostra a tirinha que segue:

(Retirado de http://gibitecacom.blogspot.com.br/2010/09/mafalda-e-o-dicionario.html)

5.4 Análise crítica de definições

> Os tópicos abordados privilegiam as relações entre o estudo das definições, as relações de sentido das palavras e o desenvolvimento do raciocínio lógico.

Uma definição lexicográfica deve cumprir a missão de esclarecer os significados de palavras e termos de uma língua. Deve, portanto, ser elaborada de forma a responder à pergunta do consulente sobre o significado ou os significados quando se trata de palavra polissêmica.

Para dar a resposta de modo adequado, é preciso que a definição seja formulada de tal modo que seja capaz de "estabelecer limites", o que corresponde a marcar diferenças de sentido entre palavras. Dito de outro modo, uma boa definição faz uma "cerca", marca as diferenças entre o que é definido e outros entes similares para não provocar equívocos de compreensão.

A definição que, em princípio, estabelece devidamente os limites de sentidos, é de tipo analítico e tem uma estrutura lógica, pois diz o que é como é, o que está definindo. Para isso, usa uma classificação e especifica determinados aspectos para caracterizar bem o que está sendo definido.

É importante que o aluno compreenda bem o que é uma definição analítica, os modos como ela se constrói e quais são suas principais qualidades. Antes dos exercícios de análise crítica, alguns aspectos devem ser lembrados, como exemplificamos com *dentista*:

a. palavra deve estar inserida em alguma categoria: *profissional*;
b. as características específicas: *que trata dos dentes*.

Depois, o aluno poderá dizer se uma definição é esclarecedora, se cumpre a finalidade pretendida ou não. Um verbete como *cidade* pode ser analisado. Os aspectos positivos da definição devem ser identificados: presença da categoria e de especificações.

> **cidade** (ci.*da*.de) *sf.* 1 Área densamente povoada, onde se concentram residências, vias de transporte e os locais em que se dão várias atividades econômicas e sociais da população, e que se distingue das áreas rurais à sua volta [...] (Aulete Digital, 2006).

Propor atividades de análise crítica sobre a qualidade de uma definição é uma boa estratégia que favorece o raciocínio lógico, o que vai se refletir positivamente nas práticas de leitura e produção textual.

Deve-se também lembrar que a categoria e as características especificadoras não são sempre fixas, podem variar conforme o sentido em que a palavra é usada. Um bom exercício é pedir que os alunos elaborem definições, considerando diferentes relações de sentido. Por exemplo, *homem* será definido de forma diferente se o sentido a ser expresso tem por base a diferença com *mulher* ou *animal*.

De fato, os sentidos se estabelecem nos contextos de comunicação, o que mostra ainda que *homem* pode adquirir o sentido de *adulto*, opondo-se à *criança*, quando alguém diz:

Miguel já está um **homem**.

Esse sentido é adequado, conforme a definição do dicionário: "diz-se do *indivíduo* que atingiu o *completo desenvolvimento* e chegou à *idade vigorosa.*" (Aurélio, 2004). A consulta aos verbetes *homem* e *adulto* vão ajudar no exercício.

Mas, atenção: as categorias usadas nas definições também mudam por que elas são escolhidas por quem elabora os dicionários. E aí, mesmo havendo grande esforço de objetividade, há diferentes categorias possíveis para um mesmo caso, bem como há pontos de vista diferenciados, como se pode observar em *computador*:

"máquina destinada ao processamento de dados, capaz de obedecer a instruções que visam produzir certas transformações nesses dados para alcançar um fim determinado". [...] (Houaiss, 2009).

"Aparelho eletrônico que funciona a partir de princípios matemáticos e pode ser programado para desempenhar tarefas variadas, como armazenar, buscar, processar, classificar, organizar, formatar e apresentar dados, inclusive impressos". [...] (Aulete Digital, 2006).

Exercícios de comparação de definições com problemas também podem contribuir para o desenvolvimento do pensamento lógico e de análise da qualidade de textos mal elaborados. Trata-se de aspectos associados à falta de precisão, à excessiva generalidade na formulação dos enunciados como ilustram as "definições" seguintes:

morango: *fruto do morangueiro.*
gaturamo: *pássaro canoro.*

Por último, definições que não são analíticas, mas de natureza sinonímica, também se prestam a bons exercícios. Vale lembrar que a circularidade não permite a resposta precisa sobre o significado, ou seja, uma palavra não se define só por outra como se ilustra com:

psicose: *psicopatia.*

Um bom exercício é solicitar que os problemas sejam identificados e também que cada definição seja reformulada. Posteriormente, o que foi reescrito poderá ser discutido e avaliado pelos colegas. Esta então é uma boa estratégia para avaliar textos de outros, mas também o texto redigido pelo próprio aluno.

Em síntese, tarefas como estas proporcionam um tipo de conhecimento da linguagem que vai ajudar muito o aluno a se tornar um leitor mais eficiente e crítico e também ajudá-lo a ter mais cuidado, mais precisão na redação. E com isso, suas práticas comunicativas terão mais chance de sucesso.

6 Pequeno glossário: termos de léxico e lexicografia

abonação – Contexto, geralmente extraído de um livro, que serve para atestar a ocorrência, o emprego ou o uso de uma palavra ou expressão pertencente a uma língua, em um determinado período.

acepção – Cada um dos significados que uma palavra-entrada pode ter em um determinado contexto aceito e reconhecido pelo uso. Nos dicionários, a acepção aparece verbalizada por uma definição.

campo semântico – Conjunto ou repertório de palavras e expressões organizado conforme um determinado tema, cujos significados se referem a um mesmo campo conceitual. São exemplos de campos semânticos: animais, frutas, escola, sentimentos, entre outros.

definição – Enunciado que esclarece o significado de uma palavra ou expressão.

definição analítica – Enunciado definidor que se estrutura com base em dois elementos: indicação da categoria a que pertence o ente nomeado e especificações que contribuem para delimitar o significado da palavra. Tem-se, portanto, a classificação geral e um aspecto específico do conteúdo da palavra definida. Exemplo: *adulto* e *criança* possuem a mesma classificação geral (*indivíduo*), mas os aspectos específicos os diferem (*maduro, que atingiu o desenvolvimento completo / de pouca idade, com idade infantil*).

definição sinonímica – Enunciado que explica uma palavra ou expressão por meio de um ou mais sinônimos, sem necessariamente ter que utilizar um enunciado. Nos dicionários, este tipo de definição é comumente utilizada para definir os sentidos dos verbos.

entrada – ver **lema**.

exemplo – Palavra, expressão ou frase que serve para ilustrar o uso de uma palavra em um determinado contexto. O exemplo pode ser inventado ou retirado de textos autênticos.

homonímia – Relação semântica entre duas ou mais palavras que são idênticas na forma gráfica e/ou fônica, mas não em significado.

lema – Palavra-entrada ou expressão que inicia o verbete; elemento do verbete a ser definido ou explicado. Pela tradição da lexicografia, se a palavra for verbo, a forma lematizada é o infinitivo; caso seja substantivo ou adjetivo, a forma lematizada é o masculino e o singular.

léxico – Conjunto ou repertório das palavras e locuções de uma língua; vocabulário.

léxico ativo – Repertório de palavras e expressões efetivamente utilizado por um falante no cotidiano. Equivale a um vocabulário individual, podendo variar de acordo com o nível de idade, escolaridade, sexo etc.

léxico especializado – Conjunto ou repertório de palavras e expressões pertencente a um determinado domínio ou campo do conhecimento, aos quais estão mais intimamente relacionadas. São exemplos: o léxico do Direito, o léxico da

Medicina, o léxico da Moda etc. Neste sentido, a palavra é denominada de termo por conter um significado específico relacionado ao domínio em que se encontra.

léxico geral – ver **léxico**.

léxico passivo – Conjunto ou repertório de palavras e expressões que uma pessoa reconhece e compreende na leitura, mas não usa. Este conjunto de palavras costuma ser numericamente maior do que o do léxico ativo de um falante.

léxico real – ver **léxico**.

léxico virtual – Conjunto de padrões morfológicos armazenados na mente do falante nativo. Toda criação lexical segue esses padrões, que funcionam como modelo para novas palavras.

lexicografia – 1. Prática de elaboração dos dicionários. 2. Conjunto dos dicionários de um mesmo idioma. Por exemplo: lexicografia portuguesa, lexicografia brasileira, lexicografia inglesa. 3. Área que estuda os aspectos de elaboração de dicionários.

locução – Conjunto de palavras que equivalem a uma só, por terem significado próprio e função gramatical única. Exemplos: *cortar o coração*, *cabeça-dura*, *suar sangue*.

macroestrutura – 1. Conjunto das palavras-entrada do dicionário; neste sentido, é sinônimo de nomenclatura. 2. Estrutura geral dos dicionários. Na macroestrutura, o dicionário se organiza em três partes principais: as páginas iniciais da obra, o corpo do dicionário e as páginas finais do dicionário. As páginas iniciais frequentemente incluem apresentação, prólogo, introdução, instruções de uso do dicionário, listas e abreviaturas. Já o corpo do dicionário é constituído pela nomenclatura, em que estão as dispostas as microestruturas em ordem alfabética ou por campo semântico. Nas páginas finais da obra geralmente são incluídos anexos, tabelas, bibliografia, informações enciclopédicas etc. No entanto, é importante mencionar que a disposição desses elementos tende a variar, ficando a critério do autor ou organizador do dicionário incluir uma ou outra informação que julgar relevante para o consulente.

marca de uso – Recurso utilizado no dicionário para orientar e mostrar ao consulente as particularidades de uso, de caráter não regular, que diferencia determinadas palavras e expressões. As marcas de uso, também chamadas de rubricas, têm a função de caracterizar palavras e expressões, indicando, condicionando e, por vezes, restringindo seu uso e emprego no contexto discursivo. Geralmente, as marcas são abreviadas e seu significado é explicitado na lista de abreviaturas. Alguns exemplos são as marcas geográficas (*Bras.*; *S.*; *N.E.*), as pragmáticas (*Gír.*; *Deprec.*) e as das áreas técnicas e científicas (*Bot.*; *Mat. Inform.*).

microestrutura – Conjunto de informações ordenadas que constituem o verbete.

nomenclatura – ver **macroestrutura**.

palavra-entrada – ver **lema**.

palavra gramatical – Unidade lexical que estabelece relações entre as partes constituintes do discurso e tem seu significado dependente do contexto em que se encontra. Conjunções, preposições e interjeições são exemplos de palavras gramaticais da língua portuguesa.

palavra lexical – Unidade lexical que serve para nomear e qualificar pessoas, coisas, objetos, ações, sentimentos etc. Substantivos, adjetivos e verbos são exemplos típicos de palavras lexicais. São semanticamente cheias e mostram o papel do léxico que é de nomear.

polissemia – Fenômeno semântico que gera diferentes sentidos de uma mesma palavra ou expressão com base em relações associativas.

remissiva – Recurso que objetiva orientar o consulente na busca, ampliação e recuperação de informações complementares a sua primeira consulta. Geralmente, aparece no verbete nas formas: *ver*, *v.*, *V.*, *cf.*, *q.v.*

rubrica – ver **marca de uso**.

semântica – Estudo do significado das palavras.

sentido – ver **significado**.

significado – Relação de sentido entre palavras, expressões ou termos e os objetos que elas designam, podendo depender do contexto comunicacional.

subentrada – Componente situado no interior do verbete em que a palavra-entrada é uma das partes de uma locução ou expressão. Por exemplo: no verbete *jardim*, podemos ter como subentradas *jardim de infância* e *jardim zoológico*.

termo – Palavra que designa um conceito especializado (específico) de um determinado domínio ou campo do conhecimento especializado. Por exemplo: *furto* é um termo do Direito, *hardware* é um termo da informática etc.

unidade lexical – Termo equivalente à palavra.

verbete – Conjunto das acepções e outras informações de natureza linguística relacionadas à entrada do dicionário. Essencialmente, o verbete de um dicionário escolar contém as seguintes informações: palavra-entrada, categoria gramatical, definição e exemplo. Outros elementos podem aparecer, dependendo do tipo de dicionário, da feição da microestrutura e para quem a obra seja destinada.

vocabulário – Conjunto ou repertório de palavras e expressões características de uma determinada região, época, autor, grupo social, cultura, área do conhecimento, campo profissional etc. São exemplos: o vocabulário de Machado de Assis, o vocabulário infantil, o vocabulário do futebol, o vocabulário dos economistas, entre outros.

7 Bibliografia

ANDRADE, Carlos Drummond de. *Antologia poética*. Madrid: ICI, 1986. Rio de Janeiro: Companhia das Letras, 2012. Carlos Drummond de Andrade ©Graña Drummond – www.carlosdrummond.com.br

ANTUNES, Irandé. *Língua, texto e ensino: outra escola possível.* São Paulo: Parábola Editorial, 2009.

AZORÍN FERNANDES, Dolores. "La investigación sobre el uso del diccionario en el ámbito escolar". In: ISQUERDO, Aparecida Negri; ALVES, Ieda Maria (Orgs.). *Ciências do léxico: lexicologia, lexicografia, terminologia.* v. III. Campo Grande/São Paulo: UFMS/USP, 2007. p. 169-191.

BANDEIRA, Manuel. *Antologia poética.* 16 ed. Rio de Janeiro: José Olympio, 1986.

BASILIO, Margarida. *Formação de palavras no português do Brasil.* São Paulo: Contexto, 2004.

BORBA, Francisco da Silva. *Organização de dicionários: uma introdução à lexicografia.* São Paulo: Editora UNESP, 2003.

BRASIL. Secretaria de Educação Fundamental. *Parâmetros Curriculares Nacionais: terceiro e quarto ciclos do Ensino Fundamental: língua portuguesa.* Brasília: MEC/SEF, 1997. Disponível em: <http://portal.mec.gov.br/seb/arquivos/pdf/portugues.pdf>. Acesso em: 01 mar. 2012.

CARVALHO, Castelar de. *Dicionário de Machado de Assis: língua, estilo, temas.* Rio de Janeiro: Lexikon Editora Digital, 2010.

CARVALHO, Orlene Lúcia de Sabóia; BAGNO, Marcos (Orgs.). *Dicionários escolares: políticas, formas e usos.* São Paulo: Parábola, 2011.

CASARES, Julio. *Introducción a la lexicografía moderna.* 3 ed. Madrid: C.S.I.C., 1992.

DOTOLI, Giovanni. *La construction du sens dans le dictionnaire.* Paris: Schena Editore, 2008.

FARACO, Carlos Alberto; TEZZA, Cristovão. *Prática de texto: para estudantes universitários.* 8 ed. Petrópolis, RJ: Vozes, 2001.

FIORIN, José Luiz. *Em busca do sentido: estudos discursivos.* São Paulo: Contexto, 2008.

GARCIA, Othon M. *Comunicação em prosa moderna.* 24 ed. Rio de Janeiro: FGV, 2004.

GUERRA, Antonia M. Medina (Coord.). *Lexicografía española.* Barcelona: Editorial Ariel, 2003.

ILARI, Rodolfo. *Introdução à semântica: brincando com a gramática.* 5 ed. São Paulo: Contexto, 2004.

ILARI, Rodolfo. *Introdução ao estudo do léxico: brincando com as palavras.* 2 ed. São Paulo: Contexto, 2003.

KRIEGER, Maria da Graça. "O dicionário de língua como potencial instrumento didático." In: ISQUERDO, Aparecida Negri; ALVES, Ieda Maria (Orgs.). *As ciências do léxico: lexicologia, lexicografia, terminologia.* v. III. Campo Grande/São Paulo: UFMS/Humanitas, 2007. p. 295-309

KRIEGER, Maria da Graça. "Políticas públicas e dicionários para escola: o Programa Nacional do Livro Didático e seu impacto sobre a lexicografia didática." *Cadernos de Tradução (UFSC)*, v. 18, 2007. p. 235-252.

KRIEGER, Maria da Graça. "Lexicografia: o léxico no dicionário." In: SEABRA, Maria Cândida T. Costa de (Org.). *O léxico em estudo*. Belo Horizonte: UFMG, 2006. p. 157-171.

KRIEGER, Maria da Graça. "Dicionários para língua materna: princípios e critérios de escolha." *Revista Língua e Literatura*. v. 6/7, n. 10/11, 2004/2005. p. 101-112.

KRIEGER, Maria da Graça. "A obra e o fazer dicionarísticos." *Cadernos do IL*. Porto Alegre, n.10, p. 9-16, 1993.

LAKOFF, George; JOHNSON, Mark. *Metáforas de la vida cotidiana*. Madrid: Ediciones Cátedra, 1986.

LARA, Luis Fernando. *Teoría del diccionario monolingüe*. México: El Colegio de México/Centro de Estudios Lingüísticos y Literarios, 1996.

LORENZ, Roseméri. *A pluriisotopia na construção dos textos humorísticos*. Passo Fundo: UPF Editora, 2006.

MATTOSO CÂMARA JR., Joaquim. *Dicionário de filologia e gramática: referente à língua portuguesa*. 3 ed. Rio de Janeiro: J. Ozon Editor, 1968.

MOURA, Adila Beatriz Naud de. "Os processos derivacionais na obra Tutaméia de João Guimarães Rosa." *Verso & Reverso*, n. 15, p. 97-125, 1994.

PONTES, Antônio Luciano. *Dicionário para uso escolar: o que é como se lê*. Fortaleza: EdUECE, 2009.

PONTES, Antônio Luciano; SANTIAGO, Márcio Sales. "Crenças de professores sobre o papel do dicionário no ensino de Língua Portuguesa." In: COSTA DOS SANTOS, F. J. (Org.). *Letras plurais: crenças e metodologias do ensino de línguas*. Rio de Janeiro: CBJE, 2009. p. 105-123.

PORTO DAPENA, José-Álvaro. *Manual de técnica lexicográfica*. Madrid: Arco/Libros, 2002.

PRADO ARAGONÉS, Josefina. "El diccionario como recurso para la enseñanza del léxico: estrategias y actividades para su aprovechamiento." In: AYALA CASTRO, Marta C. (Coord.). *Diccionarios y enseñanza*. Alcalá: Universidad de Alcalá, 2001. p. 205-226.

RANGEL, Egon de Oliveira; BAGNO, Marcos. *Dicionários em sala de aula*. Brasília: Ministério da Educação/Secretaria de Educação Básica, 2006. Disponível em: <portal.mec.gov.br/seb/arquivos/pdf/Avalmat/polleidicio.pdf> Acesso em: 01 mar. 2012.

RIO GRANDE DO SUL. Secretaria Estadual da Educação. *Referencial curricular: lições do Rio Grande*. Rio Grande do Sul: SEC, 2009. v. 1. Disponível em: <http://www.educacao.rs.gov.br/dados/refer_curric_vol1.pdf> Acesso em: 27 mar. 2012.

REY, Alain. *Le lexique: images et modèles, du dictionnaire à la lexicologie*. Paris: Colin, 1977.

VERISSIMO, Luis Fernando. *Todas as histórias do analista de Bagé*. Rio de Janeiro: Objetiva, 2002.

WELKER, Herbert Andreas. *Panorama geral da lexicografia pedagógica.* Brasília: Thesaurus, 2008.

XATARA, Claudia; BEVILACQUA, Cleci Regina; HUMBLÉ, Philippe René Marie. *Dicionários na teoria e na prática: como e para quem são feitos.* São Paulo: Parábola, 2011.

Dicionários consultados

AULETE DIGITAL. *Dicionário contemporâneo da língua portuguesa.* Rio de Janeiro: Lexikon Editora Digital, 2006.

AULETE, Caldas. *Minidicionário contemporâneo da língua portuguesa Caldas Aulete.* Rio de Janeiro: Lexikon Editora Digital, 2011.

AULETE, Caldas. *Minidicionário Contemporâneo da língua portuguesa Caldas Aulete.* Rio de Janeiro: Nova Fronteira, 2004.

BIDERMAN, Maria Tereza Camargo. *Dicionário contemporâneo de português.* Petrópolis: Vozes, RJ, 1992.

BIDERMAN, Maria Tereza Camargo. *Dicionário do estudante.* São Paulo: Globo, 2005.

BUENO, Silveira. *Silveira Bueno: minidicionário da língua portuguesa.* São Paulo: FTD, 2001.

DICIONÁRIO HOUAISS ELETRÔNICO versão 3.0. Rio de Janeiro: Objetiva, 2009. 1 CD-ROM.

FERREIRA, Aurélio Buarque de Holanda. *Aurélio júnior: dicionário escolar da língua portuguesa.* Curitiba: Positivo: 2005.

FERREIRA, Aurélio Buarque de Holanda. *Miniaurélio eletrônico versão 5.12*. Curitiba: Positivo, 2004. 1 CD-ROM.

FERREIRA, Aurélio Buarque de Holanda. *Novo Dicionário Eletrônico Aurélio versão 5.0*. Curitiba: Positivo, 2004. 1 CD-ROM.

FERREIRA, Aurélio Buarque de Holanda. *Miniaurélio: o minidicionário da língua portuguesa*. 4. ed. Rio de Janeiro: Nova Fronteira, 2001.

MICHAELIS. *Moderno dicionário da língua portuguesa*. São Paulo: Melhoramentos, 2007.

Maria da Graça Krieger

É doutora em Linguística e Semiótica pela Universidade de São Paulo (USP) e realizou Pós-Doutorado em Terminologia na Universidade Pompeu Fabra, em Barcelona, Espanha. Professora titular aposentada de Língua Portuguesa da Universidade Federal do Rio Grande do Sul (UFRGS). Atualmente, é professora titular da Universidade do Vale do Rio dos Sinos (UNISINOS), onde atua como professora e pesquisadora do Programa de Pós-Graduação em Linguística Aplicada, orienta dissertações e teses na área de Lexicografia e Terminologia e coordena o grupo de Pesquisa TERMILEX. Em 2006, foi coordenadora da Comissão Técnica do Programa Nacional do Livro Didático (PNLD) – área de Dicionários, do Ministério da Educação. É pesquisadora do CNPq – Nível 1B. Possui várias publicações nas áreas de Lexicografia e Terminologia.

Este livro foi impresso em São Paulo, em outubro de 2012, pela
RR Donnelley Gráfica e Editora para a Lexikon Editora.
A fonte usada no miolo é a LeMondeLivre, em corpo 11.
O papel do miolo é offset 75g/m² e o da capa é cartão 250g/m².